성장하는 나를 위한 응원의 메시지 ————

성공하는 리더들의
영어 필사
100일의 기적

성공하는 리더들의
영어 필사 100일의 기적 (스프링 제본)

지은이 퍼포먼스 코치 제이, 퍼포먼스 코치 리아
펴낸이 임상진
펴낸곳 (주)넥서스

초판 1쇄 발행 2024년 2월 8일
초판 7쇄 발행 2024년 10월 18일

출판신고 1992년 4월 3일 제311-2002-2호
10880 경기도 파주시 지목로 5
Tel (02)330-5500 Fax (02)330-5555

ISBN 979-11-6683-797-5 13740

www.nexusbook.com

퍼포먼스 코치 제이 Jay Chun

퍼포먼스 코치 리아 Leah Jean Kim 지음

성장하는 나를 위한 응원의 메시지 ──

성공하는 리더들의 영어 필사

100일의 기적

넥서스

• Preface •

"난 다른 사람들과 달라."

이 책을 펼쳐 본 당신이라면, 반드시 이런 생각을 자주 할 것입니다. 분명 가슴 깊은 곳에서 "난 특별한 삶을 살 운명이야."라는 것을 강하게 느끼는데, 세상은 당신이 '특별한' 사람이 아닌 '이상한' 혹은 '그저 남들과 다른' 사람이라고 자주 이야기합니다.

세상의 모든 리더들이 그랬습니다.
그리고 세상의 모든 리더들은 다른 이들의 생각이 아닌, "나는 특별해. 나의 인생을 살 거야. 그리고 변화를 만들어 낼 거야."라는 스스로의 목소리를 믿기로 용기 있게 결정했습니다.

당신은 알고 있습니다.
남들을 따라 살기 위해 여기에 있는 것이 아니라
당신의 삶을 살기 위해 존재하는 것임을.

단지 살아남기 위해 여기에 있는 것이 아니라
번창하고 확장하기 위해 살아가고 있음을.
당신은 게임을 이기기 위해 있는 것이 아니라
게임 전체를 만들기 위해 노력하는 사람임을.

만약 당신이 이런 사람이라면,
이 책은 당신에게 반드시 필요한 생각들을 전달해 줄 것입니다.
이 책은 어쩌면 당신이 쓴 책일 수도 있습니다.
이 책은 리더인 당신이 용기 있게 믿기로 결정한,
당신의 생각들이기 때문입니다.

퍼포먼스 코치 제이, 퍼포먼스 코치 리아

• Contents •

<성공하는 리더들의 영어 필사 100일의 기적>을
이렇게 활용해 보세요.

세상에 필사 도서는 많습니다. 대부분 지치고 힘든 마음을 위로하고, 인생을 긍정적
으로 바라볼 수 있게 해 주는 내용들이죠. 〈성공하는 리더들의 영어 필사 100일의
기적〉은 위로와 힐링을 넘어 더 강력한 긍정의 메시지를 전달합니다. 한 명의 사회
구성원으로, 나아가 훌륭한 리더로 성장하기 위해 마음을 다잡고 동기 부여가 될 수
있는 메시지로 채워져 있습니다. 이런 메시지들을 영어로 읽고 필사하면서 더 나은
내가 되는 연습을 해 보세요.

〈성공하는 리더들의 영어 필사 100일의 기적〉은 매일 꾸준히 따라 쓰는 것이 가장
좋습니다. 하지만 사람마다 자신에게 가장 효과적인 방법은 다를 수 있어요. 이 책
을 가장 잘 활용할 수 있는 본인만의 방법을 찾아 보세요. 100일간 꾸준히 쓰는 것
이 가장 좋지만, 그렇게 하지 못했다고 "난 의지력이 약해."라며 자신을 책망하거나
포기할 필요도 없습니다. 어떤 날은 여러 개를 몰아서 써도 되고, 어떤 날은 마음에
와닿는 문장만 써 봐도 됩니다. 정해진 기준에 얽매이기보다는 본질적인 목적인 '삶
의 성장과 결과'에 집중하는 것이 중요합니다. 이 도서를 본질에 맞게 편안하고 자
유롭게 사용한다면, 결과는 선물처럼 따라올 거예요.

www.nexusbook.com
원어민 MP3 무료 다운로드 가능

PART
01

Vision

"Your vision is yours to choose."

"당신의 비전은 당신이 선택하는 것입니다."

from Day 1

Show up for yourself.

Your vision is yours to choose. If your life were a book, you would decide what chapters and climax to write. No one can determine what your journey should look like; it's up to you.
Don't let competitors or critics steal the joy of your vision.
You don't have to prove anything to anyone. If your goal is to seek validation, nothing will ever be enough.
Just show up for yourself and for the people you deeply care about.

당신을 위해 나타내세요.

당신의 비전은 당신이 선택하는 것입니다. 당신의 인생이 한 권의 책이라면 어떤 챕터와 클라이맥스를 쓸지 결정하는 사람은 당신입니다. 당신의 여정이 어떤 모습일지는 아무도 결정할 수 없습니다. 그것은 당신에게 달려 있습니다. 경쟁자나 비평가가 당신의 비전의 즐거움을 빼앗아 가도록 하지 마세요. 아무에게도 증명할 필요는 없습니다. 만약 누군가의 인정을 추구하는 것이 목표라면, 그 어떤 것도 충분하지 않을 것입니다. 그저 당신과 당신이 진심으로 아끼는 사람들을 위해 나타내세요.

· **it's up to you** 당신에게 달려 있다   · **validation** 인정

Vision

Show up for yourself.

Everyone's path is unique.

If you're wondering about your vision, don't worry. Everyone's path is unique, so vision differs for each individual. Some have a clear sense of where they're headed in life. Some have already reached their goals and are now curious about what's next. Some haven't even begun yet. Regardless of where you find yourself, understand that there are no right or wrong answers. Allow yourself to explore your passions and talents. Let yourself envision what's possible for you.

DAY
002

모든 사람들의 길은 고유합니다.

당신의 비전에 대해 의심하고 있다면, 걱정하지 마세요. 모든 사람들의 길은 고유해서, 비전은 개인마다 다릅니다. 어떤 사람들은 자신이 인생에서 어디로 향할지에 대해 명확한 감을 가지고 있습니다. 어떤 사람들은 이미 목표에 도달했고 이제 다음에 무엇이 있을지 궁금해합니다. 아직 시작도 하지 않은 사람들도 있습니다. 당신이 어디에 있든, 옳고 그른 답이 있는 것이 아님을 이해하세요. 당신의 열정과 재능을 탐험할 수 있도록 스스로를 허락하세요. 당신이 무엇이 가능한지 상상해 보세요.

· **head** 향하다 · **curious** 궁금해하는 · **regardless of** ~에 관계없이 · **envision** 상상하다

Vision

Everyone's path is unique.

Dream big.

Don't limit yourself. Don't let fear steal your future.
Your possibilities are practically endless.
Allow yourself to dream big.
Step out of your comfort zone.
Don't get discouraged by gaps or setbacks – they're all part of
the journey. The process is where real blessings and joy lie.
Challenge yourself. See how far you can go and enjoy the ride.

큰 꿈을 가지세요.

자신을 제한하지 마세요. 두려움이 당신의 미래를 훔치게 두지 마세요. 당신의 가능성은 사실상 끝이 없습니다. 꿈을 크게 꾸세요. 안전지대 밖으로 나가세요. (꿈과 현실 사이의) 격차나 차질에 낙담하지 마세요. 이것들은 모두 여정의 일부입니다. 과정 속에 진정한 축복과 기쁨이 있습니다. 스스로를 도전해 보세요. 인생의 여정을 즐기며 얼마나 멀리 갈 수 있는지 보세요.

· practically 사실상, 거의 · setback 차질 · enjoy the ride 과정을 즐기다

Vision

Dream big.

Let yourself fully dream.

What gets you up in the morning?
What impact do you wish to make?
Close your eyes for a moment and let yourself dream.
Make your vision come alive. Let your dreams be more than just
thoughts; let them be the driving force behind your every step.
Visionaries don't wait for opportunities; they create them.
You can make a difference.

마음껏 꿈을 꾸세요.

무엇이 당신을 아침에 일어나게 하나요(어떤 일에 열정을 느끼시나요)? 어떤 영향을 미치길 원하시나요? 잠시 눈을 감고 스스로 꿈을 꾸도록 허락해 보세요. 당신의 비전이 살아 숨쉬게 하세요. 당신의 꿈이 단순한 생각 그 이상이 되도록 하세요. 꿈이 모든 발걸음을 이끄는 원동력이 되도록 하세요. 비전을 가진 자들은 기회를 기다리지 않고 기회를 만듭니다. 당신은 변화를 만들 수 있습니다.

· **driving force** 추진력 · **visionary** 확실한 비전을 가진 사람

Vision

Let yourself fully dream.

Where do you belong?

There are only two kinds of people in this world.
First, there are those who step into the arena. They seize every opportunity and create their own story.
Then there are those who are spectators. They chit-chat about the player's game.
If you are actively pursuing your dreams and taking steps toward your goals, you are not on the sidelines. You are in the game, making every moment count. You are the one who has courageously jumped into the arena.

DAY
005

당신은 어디에 속해 있나요?

세상에는 두 종류의 사람밖에 없습니다. 첫 번째는 실제 경기장에 뛰어든 사람들입니다. 이들은 모든 기회를 붙잡아 본인의 스토리를 만들어 갑니다. 그리고 경기를 구경하는 사람들이 있습니다. 이들은 선수들의 경기에 대해 이러쿵저러쿵 말합니다. 적극적으로 꿈을 추구하고 목표를 향해 나아가고 있다면, 당신은 지켜만 보고 있는 사람이 아닙니다. 실제로 경기에 참여해 매 순간을 중요하게 만들고 있습니다. 당신은 용기 있게 경기장에 뛰어든 사람입니다.

· **arena** 경기장   · **seize** 붙잡다   · **chit-chat** 수다를 떨다
· **on the sidelines** 방관하는, 방관자로서   · **make something count** ~를 의미 있게 만들다

Vision

Where do you belong?

Focus on constructive conversations.

As long as you keep pushing toward your dream, you're inevitably going to showcase your products, ideas, and yourself.
Along the way, there are always going to be nosy folks who have something to say. They are the ones who are quick to criticize but slow to take action. When you come across them, remember this: their opinions are not worth your time.
Use your time in constructive conversations with those who genuinely want you to win. They are respectful, because they too, know what it's like to take massive actions toward their dreams.

DAY
006

건설적인 대화에 집중하세요.

당신이 꿈을 향해 계속해서 나아가는 한, 당신은 필연적으로 사람들에게 당신의 결과물, 생각, 그리고 당신 스스로를 드러내게 되어 있습니다. 그리고 그 과정에서 이러쿵저러쿵 참견하고 싶어 하는 사람들은 언제나 있을 것입니다. 이들은 남을 비판하는 것은 잘하지만, 정작 행동은 느린 사람들입니다. 이들을 마주하게 된다면 기억하세요. 이들의 의견은 당신이 신경 쓸 가치가 없습니다. 당신이 이기기를 진심으로 원하는 사람들과의 생산적인 대화에 시간을 쓰세요. 그들은 당신을 존중합니다. 그들 역시 자신의 꿈을 향해 거대한 행동을 취하는 것이 어떤 것인지 알고 있기 때문이죠.

· **inevitably** 필연적으로 · **showcase** 공개하다, 보여 주다 · **folks** 사람들
· **come across** 만나게 되다 · **genuinely** 진실로

Vision

Focus on constructive conversations.

_____

_____

_____

_____

_____

_____

_____

_____

_____

_____

_____

_____

_____

_____

_____

_____

_____

Whose advice should you listen to?

For someone's advice to truly resonate with you, you need context. Their words can only truly sink in once you fully understand their life. To integrate their wisdom into your own, you've got to live a somewhat similar life.
Be selective on whose advice you want to listen to.
Find those who have lived the life to which you aspire. Study their journeys and create your own path.

DAY
007

누구의 조언을 들어야 할까요?

누군가의 충고가 당신에게 진정으로 의미 있으려면, 문맥이 있어야 합니다. 누군가의 충고는 그 사람의 삶을 오롯이 이해할 때 소화 가능한 것입니다. 그들의 지혜를 당신의 삶으로 녹여내기 위해서는 당신 스스로도 비슷한 인생을 살아야 합니다. 그러니 누구의 조언을 들을 것인지 신중히 선택하세요. 당신이 정말 살고 싶은 삶을 먼저 산 사람을 찾으세요. 그들의 삶의 여정을 살펴보고 당신만의 길을 만들어 가세요.

· **resonate** 울려 퍼지다, 감명받고 의미를 느끼다 · **sink in** 충분히 이해되다
· **integrate** 통합하다 · **somewhat** 어느 정도 · **selective** 선택적인 · **aspire** 열망하다

Vision

Whose advice should you listen to?

Let go of uncertainty.

If you could wholeheartedly love everything you cherish,
if you could let go of your obsession with uncertain outcomes and
find freedom, and if, as a result, you could pursue what you desire
without fear, how would your life and achievements be different?
You would progress toward your desired outcomes and find
immense satisfaction and fulfillment that can't be taken away.

DAY
008

불확실함을 내려놓으세요.

당신이 소중히 하는 모든 것을 진심으로 사랑할 수 있다면, 불확실한 결과를 향한 집착을
내려놓고 자유로움을 추구할 수 있다면, 그래서 두려움 없이 당신이 원하는 일을 거침없이
할 수 있다면, 당신의 삶과 성과에 어떤 변화가 생길까요? 당신이 원하는 성과를 향해 나아
가며 그 누구도 빼앗아 갈 수 없는 큰 만족과 충만함을 느끼게 될 것입니다.

· let go of ~을 놓아주다   · wholeheartedly 진심으로   · cherish 소중히 아끼다
· immense 엄청난

Vision

Let go of uncertainty.

Remain unshaken.

Those who dwell in regret and resentment tend to crumble easily.
Those who haven't figured out what they truly desire in life
tend to crumble easily. Those who lack something significant to
protect tend to crumble easily.
On the flip side, those who never lose sight of endless
possibilities remain unshaken. Those who dare to go after what
they truly desire remain unshaken. Those who have something
precious to guard remain unshaken.

흔들리지 마세요.

후회와 원망에 머무르는 이들은 쉽게 무너집니다. 인생에서 진정으로 원하는 것이 무엇인
지 알지 못한 이들도 쉽게 무너집니다. 지켜야 할 중요한 것이 없는 이들도 쉽게 무너집니
다. 반면에, 무한한 가능성의 시야를 잃지 않는 이들은 흔들리지 않습니다. 진정으로 원하
는 것을 과감하게 좇는 이들은 흔들리지 않습니다. 지켜야 할 소중한 것이 있는 사람은 흔
들리지 않습니다.

· **unshaken** 흔들리지 않는 · **dwell** 살다 · **tend to** ~하는 경향이 있다 · **crumble** 무너지다
· **on the flip side** 반면에 · **dare to** 과감하게 ~을 하다

Vision

Remain unshaken.

Be free to be the best version of yourself.

The moment you realize nothing can stand in your way, you become free.
You are free to go after your burning passions.
You are free to give yourself what you truly desire.
You are free to be the best version of yourself.
You are free to focus on what truly matters to you.
Nothing can stop you from getting what you truly desire.
Nothing can stand in the way of becoming the person you're meant to be.

당신 최고의 모습이 되세요.

아무것도 당신을 방해할 수 없다는 것을 깨닫는 순간 당신은 자유로워집니다. 당신은 활활 타오르는 열정을 자유롭게 추구할 수 있습니다. 당신이 진정으로 원하는 것을 스스로에게 줄 수 있습니다. 당신은 최고의 모습이 될 자유가 있습니다. 당신에게 진정으로 중요한 것에 집중할 자유가 있습니다. 그 어떤 것도 당신이 진정으로 원하는 것을 얻는 것을 막을 수 없습니다. 그 어떤 것도 당신이 원하는 모습이 되는 것을 방해할 수 없습니다.

· **stand in your way** 방해가 되다   · **go after** 추구하다

Vision

Be free to be the best version of yourself.

PART
02

Self-Leadership

"Surround yourself with genuine, positive,
and growth-minded individuals as you continue
to cultivate your amazing garden."

"당신에게 진심이고 긍정적이며, 성장을 하는 사람들에게 둘러싸여
당신만의 멋진 정원을 계속해서 만들어 가세요."

from Day 13

Set intentions.

Great leaders always set intentions even in simple tasks.
The opposite of 'setting intentions' is 'reacting to everything.'
If you don't set an intention to 'create the best energy in the
morning,' your morning becomes a reaction to fatigue,
or an immediate reaction to pick up your smartphone.
Without intention, you'll spend the next month reacting to
various events happening around you. A month can quickly pass
by, far from how you wanted it to be. What intentions do you
want to set for yourself?

의도를 세우세요.

훌륭한 리더들은 아주 간단한 일을 할 때에도 항상 의도를 세웁니다. '의도를 세우는 것'의
반대는 '모든 것에 반응하는 것'입니다. '아침에 최상의 에너지를 만든다'는 의도를 세우지
않는 사람은 피곤함에 반응하는 아침, 또는 스마트폰에 반응하는 아침을 보낼 것입니다. 아
무런 의도가 없다면 당신은 다음 한 달 동안을 주변에서 일어나는 다양한 일들에 반응하며
보낼 수밖에 없습니다. 당신의 의도와는 동떨어진 한 달이 빠르게 지나갈 것입니다. 당신은
어떤 의도를 세우고 싶으신가요?

· **fatigue** 피로 · **pass by** 지나가다

Self-Leadership

Set intentions.

Recharge yourself.

The reason behind your lack of motivation may be simpler than
you think. It often comes down to your physical energy.
When you're exhausted, it's tough to get motivated.
If you are sleep-deprived, have a lousy diet, and don't exercise,
you'll feel sluggish and less motivated.
Instead of thinking, "Why am I not motivated?," swap alcohol
for a refreshing glass of water. Take a walk. Sleep an hour earlier
tonight. You'll wake up feeling recharged and more motivated.

DAY
012

재충전을 하세요.

당신이 동기 부여가 안 되는 이유는 생각보다 더 간단할 수 있습니다. 동기 부여가 안 되는
이유는 신체적 에너지와 관련된 경우가 많습니다. 지친 상태에서는 동기 부여가 잘 되지 않
습니다. 만약 수면도 부족하고, 형편없는 식사를 하고, 운동도 하지 않는다면, 당신은 의욕
이 없고 동기 부여가 낮을 것입니다. '왜 나는 동기 부여가 안 되지?'라고 생각하는 대신, 술
대신 상쾌한 생수를 한 잔 마시고, 산책하고, 오늘 밤에 1시간 일찍 잠들어 보세요. 에너지가
재충전되고 동기 부여가 된 상태로 일어날 것입니다.

· **It comes down to** 결국 ~이 관건이다 · **sleep-deprived** 잠이 부족한
· **sluggish** 게으른, 나태한 · **swap** 바꾸다 · **refreshing** 상쾌한 · **take a walk** 산책하다

Recharge yourself.

Your pace is yours to decide.

Your pace is yours to decide. You don't need anyone's validation. No matter how intelligent or successful someone may be, they can't determine what truly matters to you. Have faith in your potential and start tending to your own garden to achieve the outcome you desire. Even if it takes time, the harvest will come. Surround yourself with genuine, positive, and growth-minded individuals as you continue to cultivate your amazing garden.

DAY
013

당신의 속도는 당신이 결정하면 됩니다.

당신의 속도는 당신이 결정하면 됩니다. 그 누구의 허락도 구할 필요가 없습니다. 아무리 똑똑하고 성공한 사람도 당신에게 무엇이 진정으로 중요한지 결정할 수 없습니다. 당신의 가능성을 믿고, 당신이 원하는 결과를 위한 텃밭을 가꾸면 됩니다. 시간이 걸리더라도 결국 열매는 열립니다. 당신에게 진심이고 긍정적이며, 성장을 하는 사람들에게 둘러싸여 당신 만의 멋진 정원을 계속해서 만들어 가세요.

· **validation** 검증, 평가 · **tend** 돌보다 · **surround** 둘러싸다 · **cultivate** 경작하다

Self-Leadership

Your pace is yours to decide.

Align your thoughts with your inner champion.

Here's how to talk to yourself to grow.
When you feel like you're not good enough, say,
"I have something valuable to offer to this world."
When you're discouraged from failure, ask,
"What can I take away from this experience?"
When you feel overwhelmed, ask,
"What small step can I take today to get closer to my goals?"
What you need to do is align your thoughts with your inner
champion, not your inner critic. Replacing self-doubt with self-
belief is one of the most powerful things you can do for yourself.

DAY
014

내면의 챔피언다운 생각을 하세요.

성장을 위해 스스로에게 이렇게 이야기해 보세요. 당신이 부족하다고 느낄 때에는 "난 이
세상에 줄 수 있는 가치 있는 것을 가지고 있어."라고 말해 보세요. 실패로 인해 낙담할 때
"이 경험에서 무엇을 배울 수 있을까?"라고 말해 보세요. 버겁다고 느껴질 때는 "내 목표에
더 가까이 다가가기 위해 오늘 어떤 작은 발걸음을 내딛을 수 있을까?"라고 말해 보세요. 당
신이 해야 할 일은 내면의 비평가가 아닌 내면의 챔피언이 할 만한 생각을 하는 것입니다.
자기 의심을 자기 신념으로 대체하는 것은 당신이 스스로를 위해 할 수 있는 가장 강력한
것 중 하나입니다.

· **align** ~에 맞춰 조정하다, 일치시키다 · **take away** 배움을 얻다

Align your thoughts with your inner champion.

Think clearly.

There is a distinction between thinking deeply and thinking clearly.
While deep thinking can be enlightening, it doesn't always lead to
simple decision-making. Thinking deeply doesn't make it easier to
decide, especially when self-doubt creeps in.
On the other hand, having clarity will make decisions feel
effortless. If you want to make a decision and take action,
gain clarity. Simplify your ideas and situations to wipe out any
confusion.

명확하게 생각하세요.

깊이 생각하는 것과 명확하게 생각하는 것의 차이가 있습니다. 깊이 생각하는 것이 깨우침
을 주는 데 도움이 될 수 있지만, 그것이 항상 단순한 의사결정으로 이어지는 것은 아닙니
다. 특히 자기 회의감이 서서히 생길 때 깊이 생각하는 것이 결정하는 것을 쉽게 만들진 않
습니다. 반면에, 명료함을 갖는 것은 쉽게 결정할 수 있게 해 줍니다. 결정을 내리고 행동을
취하고 싶다면 명확성을 가지세요. 혼란을 없애기 위해 생각과 상황을 단순화하세요.

· **enlightening** 깨우침을 주는 · **self-doubt** 자기 회의 · **creep** 천천히 다가가다
· **clarity** 명료함 · **effortless** 힘이 들지 않는, 쉬운 · **wipe out** 없애다

Think clearly.

Choose your thoughts.

Great leaders are deliberate with their thoughts.
You can either let unintentional thoughts ruin your day,
or practice intentional thoughts to create your best day.
For example, your brain might say something like,
"There's no way that I can do this."
Instead of agreeing with it, say, "I'll find a way."
This thought opens up your possibility, while the other closes it
down.

DAY
016

생각을 선택하세요.

훌륭한 리더들은 자신의 생각을 의도적으로 선택합니다. 당신은 의도하지 않은 생각이 당신의 하루를 망치게 하거나, 최고의 하루를 만들기 위해 의도적인 생각을 연습할 수 있습니다. 예를 들어, 당신의 뇌는 다음과 같은 말을 할 수 있습니다. "이걸 할 수 있는 방법은 없어." 그것에 동의하는 대신에, "방법을 찾아보겠어."라고 말해 보세요. 이 생각은 당신의 가능성을 열어 주는 반면, 다른 생각은 가능성을 닫습니다.

· **deliberate** 의도적인 · **ruin** 망치다

Choose your thoughts.

It requires training.

People try to eliminate anxiety simply by managing their mindset.
However, overcoming anxiety requires training and practice.
People often think that as their skills improve and they train
harder, the 'pressure' will disappear. But for those who continue to
grow and follow their goals, that pressure will always follow them.
Dealing with pressure requires managing your mindset. If you feel
anxious doing something, take it as a sign to get better at it. If you
feel pressure, take it as a sign to be gentle with yourself.

DAY

017

훈련이 필요합니다.

사람들은 마음을 다스리는 것만으로 불안함을 없애려고 합니다. 하지만 불안함을 극복하기 위해선 훈련과 연습이 필요합니다. 사람들은 실력이 늘고 훈련을 많이 하면 '부담감'이 없어질 것이라고 생각합니다. 하지만 계속해서 성장하며 목표를 향해 나아가는 이들에게 부담감은 항상 따라다닐 것입니다. 부담감을 다스리는 것은 스스로의 마음을 다스릴 것을 필요로 합니다. 무언가를 할 때 불안감을 느낀다면 더 잘하라는 의미로 받아들이세요. 부담감을 느낀다면 자신을 더 부드럽게 대하라는 의미로 받아들이세요.

· **anxiety** 불안, 걱정거리 · **pressure** 부담감

Self-Leadership

It requires training.

Be your own biggest supporter.

While taking on challenges, what's truly important is self-love.
Challenging and failing, not achieving the best in competition,
can be quite overwhelming at the moment.
But through it all, be your own best friend and hold a firm belief
that you will ultimately create the life you desire. You are your
most significant supporter. Your self-talk and self-belief can either
lift you up or bring you down.
"I am my own biggest supporter."

자신의 든든한 지원자가 되세요.

도전을 하는 과정 중에 정말 중요한 것은 스스로에 대한 사랑입니다. 경쟁에서 최고가 되지
못한 것과 같이 도전과 실패가 벅찰 때가 올 것입니다. 하지만 결국에는 자신의 든든한 지
원자가 되어 언젠가는 당신이 원하는 삶을 창조해 낼 것이라는 강력한 믿음을 가지세요. 당
신 스스로가 가장 중요한 지원자입니다. 스스로에게 하는 말과 스스로에 대한 신념이 당신
을 이끌어 주거나 주저앉게 할 수 있습니다.
"나는 나의 가장 든든한 지원자이다."

· hold a belief 믿음을 갖다

Self-Leadership

Be your own biggest supporter.

Allow yourself to feel bored.

Get used to the feeling of boredom.
If you allow yourself to feel bored, you won't waste your precious life.
The more you seek instant pleasure to make up for boredom, the
weaker you become. The more you are okay with any feelings, the
stronger you become.
What do you do when you feel bored? Do you allow it to exist, or
do you indulge in a quick dopamine hit?

지루함을 허락하세요.

지루함에 익숙해지세요. 당신이 지루함을 느낄 수 있도록 허락한다면, 당신의 소중한 삶을
낭비하지 않을 것입니다. 지루함을 보충하기 위해 순간적인 즐거움을 추구할수록 당신은
더 약해집니다. 당신이 어떤 감정에도 괜찮을수록, 당신은 더 강해질 것입니다. 심심할 때
무엇을 하시나요? 지루함을 허락하나요, 아니면 즉각적인 도파민에 빠져드나요?

· **precious** 소중한 · **indulge in** ~에 빠지다, 탐닉하다

Allow yourself to feel bored.

Burnout doesn't happen overnight.

Burnout doesn't happen overnight. Burnout is the result of prolonged habits — diet, working hours, rest, mindset, and even exercise habits. It's a combination of choices we've been making for a long time.

You might not want to hear it, and you might even resent it, but burnout is a choice. When we accept that, it transforms from something we fear to something we can control.

번아웃은 한순간에 오지 않습니다.

번아웃은 한순간에 오지 않습니다. 번아웃은 오랜 습관의 결과입니다. 식습관, 근무 시간, 휴식, 마음, 운동 습관이 이에 해당합니다. 오랜 시간 동안 우리가 한 선택들이 조합된 것입니다. 당신은 듣고 싶지 않고 원망스러울 수도 있지만 번아웃은 하나의 선택이라고 할 수 있습니다. 번아웃이 선택이라는 것을 인정한다면, 번아웃은 두려움의 대상이 아닌 통제할 수 있는 것이 됩니다.

· **burnout** (신체적 또는 정신적인) 극도의 피로 · **overnight** 하룻밤 사이에 · **prolonged** 장기간의

Self-Leadership

Burnout doesn't happen overnight.

Tap into your inner confidence.

When you lack self-confidence, try this.
Imagine a future moment where you're fully confident. You're
proud of what you've accomplished. Feel what that person is
feeling now. Then ask each of the following questions to yourself.
"What does my future self think about the project I'm working on?"
"How much does my future self believe in me?"
This process will help you to tap into your inner confidence.

내면의 자신감에 접근하세요.

자신감이 없을 때는 이렇게 해 보세요. 당신이 완전히 자신감을 가지고 있는 미래의 순간을
상상해 보세요. 당신은 당신이 해낸 일에 대해 자랑스러워합니다. 그 사람이 지금 느끼는
감정을 느껴 보세요. 그리고 스스로에게 다음의 질문을 해 보세요. "미래의 나는 내가 진행
중인 프로젝트에 대해서 어떻게 생각할까?" "미래의 나는 지금의 나를 얼마나 믿을까?" 이
과정을 통해 내면의 자신감에 접근할 수 있습니다.

· **tap into** 접근하다, 이용하다 · **as if** 마치 ~인 것처럼

Self-Leadership

Tap into your inner confidence.

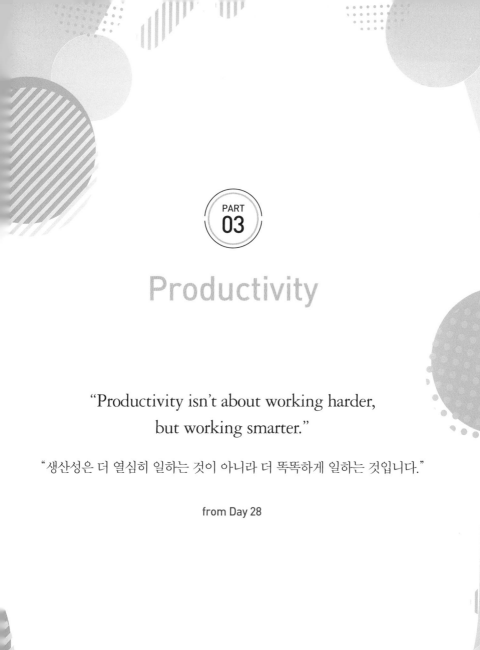

Productivity

"Productivity isn't about working harder,
but working smarter."

"생산성은 더 열심히 일하는 것이 아니라 더 똑똑하게 일하는 것입니다."

from Day 28

Weigh the importance.

Let's dive into productivity.
When it comes down to it, it's all about optimizing your time and
resources. Think of your tasks as a scale — you must weigh their
importance and prioritize.
Begin by tackling tasks that really move the needle. Avoid getting
bogged down in the small stuff that won't make much of a difference.
In essence, it all boils down to prioritizing impact. It's not just about
staying busy or exhausting yourself.

DAY
022

중요성을 따져 보세요.

생산성에 대해 이야기해 봅시다. 생산성을 위해선 결국 시간과 자원을 최적화하는 것이 중
요합니다. 당신의 업무를 저울로 생각해 보세요. 당신은 업무의 중요성을 따져 보고 우선순
위를 정해야 합니다. 큰 성과를 낼 수 있는 일부터 시작하세요. 성과에 큰 차이가 없을 작은
것들에 얽매이는 것은 피하세요. 본질적으로 모든 것은 영향을 우선시하는 것으로 귀결됩
니다. 생산성은 그저 바쁘게 지내거나 자신을 지치게 하는 것이 아닙니다.

· **weigh** 판단하다 · **dive into** ~에 파고들다 · **optimize** 최적화하다 · **tackle** 착수하다
· **move the needle** 가시적인 성과를 내다 · **get bogged down in** 수렁에 빠지다
· **in essence** 본질적으로 · **boil down to** ~으로 요약하다

Productivity

Weigh the importance.

Use your resources wisely.

A good leader is mindful of their energy and time and recognizes that they have limited resources. In the past, you may have said 'yes' to everything, which allowed you to learn and grow. However, it's equally important to use your resources wisely.

To achieve exponential growth, selective use of your energy is essential. Say 'yes' to top priorities and 'no' to those that are not. Concentrate on tasks that only you can deliver and make important choices.

DAY

023

당신의 자원을 현명하게 사용하세요.

좋은 리더는 자신의 에너지와 시간을 신경 쓰며 자원이 한정되어 있음을 인식합니다. 과거에는 모든 것에 대해 '네'라고 말함으로써 배우고 성장할 수 있었습니다. 하지만 당신의 자원을 현명하게 활용하는 것도 동일하게 중요합니다. 기하급수적인 성장을 이루기 위해서는 에너지의 선택적 사용이 필수적입니다. 최우선 순위에는 '예'라고 말하고 그렇지 않은 것들에는 '아니요'라고 말하세요. 오직 당신만이 할 수 있는 일에 집중하고 중요한 선택을 해야 합니다.

· mindful ~에 신경을 쓰는 · exponential 기하급수적인

Productivity

Use your resources wisely.

Boost your energy.

To achieve results, you need to take action.

To take action, you must focus and be productive.

And, above all, you need consistent energy for this process.

People who underperform in life often can't distinguish between healthy desires and pleasures. If I can generate energy, getting more sleep is a healthy desire fulfillment. If eating certain foods gives me more energy, that's a healthy desire fulfillment. Do you eat to boost your energy, or just for satisfaction?

에너지를 높이세요.

결과를 내려면 실행을 해야 합니다. 실행하려면 집중하고 생산적이어야 합니다. 무엇보다도 지속적인 에너지가 필요합니다. 삶에서 성과가 낮은 사람들은 종종 건전한 욕구와 쾌락을 구분하지 못합니다. 에너지를 생성할 수 있다면 잠을 자는 것은 건전한 욕구 충족입니다. 어떠한 음식을 먹어서 더욱 에너지가 생성된다면 그것은 건전한 욕구 충족입니다. 에너지를 높이기 위해 음식을 드시나요, 아니면 단순히 만족하기 위해 드시나요?

· **boost** 높이다 · **underperform** 기대만큼 잘하지 못하다 · **generate** 생성하다

Boost your energy.

Break it down.

Top-notch productivity is a daily choice. There are many tools that can help you get there.

One of the most essential habits for productivity is to set actionable goals. Breaking down a project into smaller, doable steps can make a significant difference in productivity. Many people skip this process and end up feeling overwhelmed by tasks. Oftentimes people don't even know where to begin. But by breaking a project down, anything can be doable.

세분화하세요.

최고의 생산성은 매일의 선택입니다. 생산성을 높여 줄 수 있는 많은 도구들이 있습니다. 생산성을 위한 가장 중요한 습관 중 하나는 실행 가능한 목표를 세우는 것입니다. 프로젝트를 실행 가능한 작은 단계로 세분화하면 생산성에 상당한 차이를 가져올 수 있습니다. 많은 사람들이 이 과정을 생략하고 결국 업무에 압도당하게 됩니다. 사람들은 종종 어디서부터 시작해야 할지조차 모릅니다. 그러나 프로젝트를 세분화함으로써 어떤 것도 할 수 있습니다.

· **top-notch** 최고의 · **essential** 중요한 · **actionable** 실행할 수 있는 · **doable** 할 수 있는

Break it down.

Are you easily distracted?

Are you easily distracted? Maybe you're tempted to reach for your phone every few minutes. Don't worry. You can train your mind to not let distractions steal your time.

Whenever you notice yourself getting sidetracked, say "Stop." Gently direct your mind to what's in front of you. It's simple yet powerful.

Before you let your mind drift, you can teach it to focus on the task at hand. It takes practice to strengthen your mind, just like building any muscle.

쉽게 집중이 분산되나요?

쉽게 집중이 분산되나요? 당신은 몇 분마다 핸드폰에 손을 뻗고 싶은 유혹을 받고 있을 수도 있습니다. 걱정 마세요. 방해 요인에 시간을 빼앗기지 않도록 마음을 훈련할 수 있습니다. 다른 것에 집중이 빼앗기는 자신을 알아차릴 때마다, "멈춰"라고 말하세요. 당신의 마음을 당신 앞에 있는 것으로 천천히 인도하세요. 이것은 간단하지만 강력합니다. 당신의 마음이 표류하기 전에 당면한 일에 집중하도록 가르칠 수 있습니다. 마음을 강하게 하는 것은 근육을 만드는 것과 같이 강화시키는 연습이 필요합니다.

· **sidetracked** 옆길로 새다 · **drift** 표류하다

Productivity

Are you easily distracted?

Do you want to work faster?

If you cut corners to work faster, that's not being productive. It can be tempting to take shortcuts, but in the long run, it's not a good strategy.

There are more efficient ways to meet your goals. Instead of cutting corners, look for ways to make your tasks more efficient. For example, consider what can be automated and systemized. Rushing through tasks is counterproductive. You might save time, but you won't achieve the best results.

더 빨리 일하고 싶나요?

일을 빨리 하기 위해 대충 하게 되면 생산성이 떨어집니다. 지름길을 가고 싶은 유혹이 생길 수 있지만 장기적으로는 좋은 전략이 아닙니다. 목표를 달성하는 데에는 더욱 효율적인 방법이 있습니다. 대충 해치우는 대신, 작업을 더욱 효율적으로 할 수 있는 방법을 찾아보세요. 예를 들어, 무엇을 자동화, 시스템화할 수 있을지 고려해 보세요. 일을 서두르는 것은 역효과를 가져옵니다. 시간을 절약할 수는 있지만 최고의 결과를 얻지는 못합니다.

· cut corners 대충 해치우다 · tempting 유혹하는 · counterproductive 역효과가 나다

Productivity

Do you want to work faster?

Prioritize.

Productivity isn't about working harder, but working smarter. It's not about getting more things done, it's about getting important things done.

To do that, start by setting clear priorities in both your personal and professional life. Then align your tasks accordingly.

Aligning your tasks with your priorities ensures that you're moving in the right direction. This alignment brings purpose to your daily efforts. You'll be amazed how much impact this practice will have on you.

DAY
028

우선순위를 정하세요.

생산성은 더 열심히 일하는 것이 아니라 더 똑똑하게 일하는 것입니다. 더 많은 일을 하는 것이 아니라 중요한 일을 하는 것입니다. 그러기 위해서는 개인적인 삶과 직업적인 삶 모두에 있어서 명확한 우선순위를 정하는 것부터 시작하세요. 그리고 그에 따라 업무를 조정하세요. 업무를 당신의 우선순위에 맞추면 올바른 방향으로 나아갈 수 있습니다. 이렇게 우선순위에 업무를 일치시키는 작업은 매일의 노력에 목적을 가져다줍니다. 이렇게 하는 것이 당신에게 얼마나 큰 영향을 가져올지 알게 되면 놀랄 것입니다.

· **align** 정렬하다 · **accordingly** 그에 따라 · **ensure** 보장하다

Productivity

Prioritize.

Minimize distractions.

Do you want to take your productivity to the next level?
Actively support yourself to win.
One of the biggest game changers in productivity is minimizing distractions. Set a specific time block for your tasks and during that time, turn off notifications on your phone. When you're constantly checking your phone every minute, it not only steals your time but also pulls you out of focus. Plus, you're more likely to give in to the urge to check social media. Put away your phone and let yourself fully concentrate.

DAY
029

방해 요인을 최소화하세요.

생산성을 한 단계 더 끌어올리고 싶은가요? 성공할 수 있도록 스스로를 적극적으로 도와주세요. 생산성에 있어 큰 변화를 가져다줄 수 있는 아이디어 중 하나는 방해 요인을 최소화하는 것입니다. 작업에 대한 특정 시간 블록을 설정하고 그 시간 동안 전화기의 알림을 꺼보세요. 시시때때로 휴대 전화를 확인할 때 시간을 빼앗길 뿐만 아니라, 집중력이 떨어지기도 합니다. 게다가, SNS를 확인하고 싶은 충동에 굴복할 가능성이 더 높습니다. 핸드폰을 치우고, 온전히 집중할 수 있도록 하세요.

· **minimize** 최소화하다　· **game changer** 큰 변화를 가져오는 혁신적인 아이디어　· **urge** 충동

Minimize distractions.

Focus on one thing at a time.

When you have a lot on your plate, your mind is busy thinking about the things left undone. You can't seem to focus on a task and are tempted to multitask because you feel like you're behind the schedule. But here's the truth: Thinking about what you should be doing is what's slowing you down.

If your mind is preoccupied, it's almost impossible to concentrate to get the task done successfully. If you have to go back and do it all over again, you'll feel like you've wasted your time.

No matter how busy you are, focus on one single task. Getting one thing done at a time is the best and quickest way to finish everything you need to do.

DAY
030

한 번에 한 가지만 집중하세요.

해야 할 일이 많을 때 당신의 마음은 남아 있는 일들에 대해 생각하기 바쁩니다. 일정이 늦어지는 것 같아 일에 집중할 수가 없고 멀티태스킹을 하고 싶은 유혹을 느낍니다. 하지만 사실은 이렇습니다. 당신이 무엇을 해야 하는지 생각하는 것이 당신의 속도를 늦추는 것입니다. 만약 마음이 다른 생각에 사로잡혀 있다면, 집중해서 일을 성공적으로 마무리하는 것은 거의 불가능합니다. 뒤로 돌아가 처음부터 다시 해야 한다면 시간을 낭비한 것처럼 느껴질 것입니다. 아무리 바쁘더라도 한 가지 일에만 집중하세요. 한 번에 하나씩 하는 것이 당신이 해야 할 모든 것을 끝내는 가장 좋고 빠른 방법입니다.

· **have a lot on one's plate** 해야 할 일이 많다   · **preoccupied** 어떤 생각에 사로잡힌

Productivity

Focus on one thing at a time.

It's a lifestyle.

Do you ever think, 'Once I'm successful,' or 'When I achieve this,'
then you'll start taking care of your health?
Building the life you desire isn't a one or two-shot deal. Significant
change comes from consistent, long-term effort. It is a lifestyle, not
just a goal.
That's why those who consistently see exceptional results focus on
energy management. Managing your energy is the foundational key
to creating the best outcomes.

DAY

031

라이프스타일입니다.

'성공하면', '이것만 하면' 그때 건강을 돌보겠다는 생각을 해 본 적 있나요? 한두 번의 도전
이나 시도로 원하는 인생을 만들 수 없습니다. 중요한 변화는 꾸준하며 장기적인 노력에서
나옵니다. 단순히 하나의 목표가 아니라, 결국 '라이프스타일'이 되어야 합니다. 그렇기 때
문에 높은 성과를 지속적으로 만들어 내는 이들은 에너지를 꾸준히 관리하는 것입니다. 에
너지를 관리하는 것이야 말로 최상의 결과를 가져다주는 가장 기본이 되는 방법입니다.

· consistent 지속적인 · exceptional 뛰어난 · foundational 기본의

Productivity

It's a lifestyle.

PART
04

Excellence

"No one is perfectly skilled at everything, but as long as you have a growth mindset, you and your team will progress toward greater success."

"모든 일에 완벽하게 능숙한 사람은 없습니다.
하지만 당신이 성장하는 마음을 가지고 있는 한, 당신과 당신의 팀은
더 큰 성공을 향해 나아갈 것입니다."

from Day 38

Improve yourself.

Wanting to become great is never a bad thing. When it comes to tough tasks or new challenges, you might not succeed because you're still learning how to do it.
Now, ask yourself this question:
Are you doing it to prove yourself or to improve yourself?
Are you looking to impress someone or to be of help?
When your goal is to validate yourself in front of others, you can overlook what really matters.

더욱 발전하세요.

잘하려고 하는 마음은 나쁜 것이 아닙니다. 난이도가 높은 일이나 새로 도전하는 일의 경우 아직은 배우는 중이기 때문에 잘하지 못할 수도 있습니다. 그때 스스로 질문해 보세요. 너는 이 일을 자신을 증명하기 위해 하고 있나, 스스로 발전하기 위해 하고 있나? 누군가에게 깊은 인상을 주려고 하고 있나, 도움이 되기 위해 하고 있나? 당신의 목표가 다른 사람 앞에서 당신을 증명하려는 것이라면 당신은 정말 중요한 것을 간과할 수 있습니다.

· **be of help** 도와주다　· **validate** 정당성을 입증하다　· **overlook** 간과하다

Excellence

Improve yourself.

There are two types of pain.

There are two types of pain: clean pain and dirty pain.
Clean pain is the kind that helps develop our capabilities.
On the other hand, dirty pain is what you experience when avoiding taking action. It's a form of self-sabotage that gradually shrinks you.
Both are challenging. However, one propels you forward while the other keeps you stuck. You can choose which one you want more of in your life.

두 가지 고통이 있습니다.

두 가지 고통이 있습니다. 깨끗한 고통과 지저분한 고통입니다. 깨끗한 고통은 나의 능력을 키우는 고통입니다. 반면, 지저분한 고통은 행동을 취하기를 회피할 때 경험하는 것입니다. 이것은 당신을 점차 위축시키는 일종의 자기 파괴입니다. 두 고통 모두 어렵습니다. 그러나 하나는 당신을 앞으로 나아가게 하고, 다른 하나는 당신을 정체되게 합니다. 당신의 삶에서 어떤 것을 더 원하는지 선택할 수 있습니다.

· **self-sabotage** 자기 파괴 · **gradually** 점진적으로 · **propel** ~을 나아가게 하다
· **stuck** 움직일 수 없는

Excellence

There are two types of pain.

_____

_____

_____

_____

_____

_____

_____

_____

_____

_____

_____

_____

_____

_____

_____

Pursue excellence.

When it comes to pursuing excellence, two aspects come into play. The first is setting high standards; the second, optimizing workflows. Expecting excellence from yourself doesn't mean expecting perfection. It simply means you're determined to step up your game, never compromise, and consistently deliver high value. Optimizing workflows involves organizing tasks efficiently and automating repetitive ones.

What do you expect from yourself, and how can you further optimize your workflow?

탁월함을 추구하세요.

탁월함을 추구할 때 고려해야 할 두 가지 측면이 있습니다. 첫 번째는 높은 기준을 설정하는 것입니다. 두 번째는 워크플로우(업무의 흐름)를 최적화하는 것입니다. 스스로에게서 탁월함을 기대하는 것은 완벽을 기대한다는 뜻이 아닙니다. 그것은 단순히 성과를 향상시키고, 절대 타협하지 않고, 계속해서 높은 가치를 제공하겠다고 결심하는 것을 의미합니다. 워크플로우(업무의 흐름)를 최적화하는 것은 작업을 효율적으로 정리하고 반복적인 작업을 자동화하는 것을 포함합니다. 스스로에게 어떤 기대를 하고 있으며 어떻게 업무의 흐름을 더 최적화할 수 있는지에 대해 생각해 보세요.

· **optimize** 최적화하다　· **step up one's game** ~의 성과를 향상시키다
· **compromise** 타협하다

Excellence

Pursue excellence.

Don't give up.

Do you feel like your progress has hit a wall? You might begin to question your abilities and wonder if you're doing something wrong. Well, that's not the case. The next phase is supposed to be tougher. Going from where you began to where you are now was a big jump. Leaping to the next level might be even more demanding, so there's no need to judge or doubt yourself. Simply define what you truly want at this next level, then put in the effort it takes to make it happen.

DAY
035

포기하지 마세요.

더 이상 다음 단계로 넘어가지 않는 것 같나요? 나의 능력은 여기까지인 것 같고, 무언가 잘 못하고 있는 것 같은 기분이 들 수 있습니다. 그런 게 아닙니다. 다음 단계는 더욱 어려워질 것입니다. 처음 시작 상태에서 지금 단계로 온 것은 큰 도약이었습니다. 또 다음 단계로 넘어가는 것은 더욱 힘이 들 수 있으니 스스로에 대한 판단이나 의심은 하지 않으셔도 됩니다. 다음 단계에서 진정으로 원하는 것이 무엇인지 심플하게 결정한 후, 거기에 맞는 노력으로 실행해 나가면 됩니다.

• **hit a wall** 다음 단계로 나아가지 못하는 상태에 부딪치다   • **demanding** 힘든
• **put in the effort** 노력을 기울이다

Excellence

Don't give up.

What matters to you?

There are moments when you might feel frustrated.
You might think it's because you're not being productive or
consistent enough, but here's the thing.
Productivity or consistency alone can't do much for you.
You must be productive with what you truly desire.
You must be consistent with what truly matters to you.
So, what is it that you desire? What truly matters to you?

당신에게 중요한 일이 무엇인가요?

답답함이 느껴지는 순간이 있습니다. 생산적이지 않거나 꾸준함이 부족하기 때문이라고
생각할 수 있습니다. 하지만 중요한 것이 있습니다. 단순히 생산성과 지속력 그 자체는 당
신에게 많은 것을 해 줄 수 없습니다. 당신이 진정으로 원하는 일에 생산적이어야 합니다.
당신에게 정말 중요한 것에 꾸준해야 합니다. 당신은 무엇을 원하나요? 당신에게 중요한
일이 무엇인가요?

· **feel frustrated** 좌절감을 느끼다

Excellence

What matters to you?

Maximize yourself.

If you want to be a leader who brings out the best in people, maximize yourself first.
Don't use your energy to judge and limit your own power.
Instead of doubting yourself, focus on how to create the best possible results.
Instead of worrying, focus on what you can control.
"I believe in myself."
"I can go above and beyond."

DAY
037

자신을 극대화하세요.

만약 당신이 사람들에게서 최고를 이끌어내는 리더가 되고 싶다면, 먼저 자신을 극대화하세요. 자신의 힘을 판단하고 제한하는 데 에너지를 사용하지 마세요. 스스로를 의심하는 대신 가능한 최상의 결과를 만드는 방법에 초점을 맞추세요. 걱정하지 말고, 당신이 통제할 수 있는 것에 집중하세요. "나는 나 자신을 믿습니다." "나는 그 이상으로 갈 수 있습니다."

· maximize 극대화하다

Excellence

Have a growth mindset.

"I'm bad at remembering names."
"I'm bad at communicating."
"I'm bad at …"
This is not how true leaders talk.

"I'm not good at it yet, but I'll figure it out."
"I'm not good at it yet, but I'm willing to try."
This is how they talk.

No one is perfectly skilled at everything, but as long as you
have a growth mindset, you and your team will progress toward
greater success.

DAY
038

성장 마인드를 가지세요.

"저는 이름을 잘 기억하지 못해요." "저는 의사소통을 잘 못해요." "저는 ~을 못해요."와 같은
말은 진정한 리더가 말하는 방식이 아닙니다. "아직 잘하지는 못하지만, 해결해 볼게요." "아
직 잘하지는 못하지만, 기꺼이 해 볼게요."와 같은 말이 리더가 말하는 방식입니다. 모든 일
에 완벽하게 능숙한 사람은 없습니다. 하지만 당신이 성장하는 마음을 가지고 있는 한, 당
신과 당신의 팀은 더 큰 성공을 향해 나아갈 것입니다.

· **figure out** 알아내다   · **skilled** 숙련된

Excellence

Have a growth mindset.

Normalize difficulty.

Normalize difficulty.
Everything worthwhile is supposed to be hard. This is why partnering with yourself is so important. Be supportive in finding ways to help yourself to follow through.
"How can I support myself to get this done?"
"How can I bring my A-game?"
Just because it's hard doesn't mean you should give up.
Find ways to overcome difficulties and reach your goals.

어려움을 자연스럽게 받아들이세요.

어려움을 자연스럽게 받아들이세요. 가치 있는 모든 것은 힘들기 마련입니다. 그렇기 때문에 자기 자신의 파트너가 되는 것이 매우 중요합니다. 자신이 끝까지 해낼 수 있는 방법을 찾을 수 있도록 도와주세요. "이 일을 끝낼 수 있게 내 자신을 어떻게 도울 수 있을까?" "내 최상의 능력을 발휘하려면 어떻게 해야 할까?" 어렵다고 포기해야 하는 것은 아닙니다. 어려움을 극복하고 목표에 도달할 수 있는 방법을 찾으세요.

· **normalize** ~을 표준으로 하다 · **worthwhile** 가치 있는 · **follow through** 완수하다
· **A-game** 최상의 경기력

Excellence

Normalize difficulty.

Beat procrastination.

If you are tired of leaving things until the last minute, here's a strategy you can try.
First, increase your motivation. Ask yourself, "Why is this important to me?" Think about the benefits that you'll get from finishing the task.
Second, take ownership. Don't say, "I have to do this." Say, "I choose to do this because…" Recognize that it's your decision. When you understand why you want to do this, it becomes a choice, not a chore.

미루는 습관을 깨세요.

만약 당신이 마지막 순간까지 일을 남겨 두는 것에 지쳤다면, 당신이 시도해 볼 수 있는 전략이 있습니다. 첫째, 동기 부여를 높이세요. "왜 이것이 나에게 중요한가?"라고 스스로에게 물어보세요. 그 일을 끝내면 얻을 수 있는 이점에 대해 생각해 보세요. 둘째, 주도권을 가지세요. "나는 이것을 해야만 한다"라고 말하지 마세요. "나는 이것을 하기로 결정했다. 왜냐하면 ~"이라고 말하세요. 당신의 결정이라는 것을 인식하세요. 당신이 왜 하고 싶은지 이해할 때, 그 일은 성가신 것이 아니라 선택이 됩니다.

· procrastination 미루는 습관

Excellence

Proactivity

"Proactively tackle whatever challenges
you're currently facing."

"현재 직면한 어려움들을 적극적으로 해결하길 바랍니다."

from Day 41

You're a leader.

You're a leader. Whether you're a recent graduate looking for a job, a teacher, a coach, or an entrepreneur, carry yourself with the confidence of a leader.
Walk with your head held high. Never hang your head or think of yourself as a failure.
Proactively tackle whatever challenges you're currently facing.
All of your decisions and actions will eventually shape your abilities.

당신은 리더입니다.

당신은 리더입니다. 당신이 취업 준비생이건, 강사이건, 코치이건, 사업가이건, 리더로서 자신감을 가지고 당당하길 바랍니다. 고개를 높이 들고 걸어 다니길 바랍니다. 절대 풀이 죽거나 자신이 실패자라고 생각하지 않기를 바랍니다. 현재 직면한 어려움들을 적극적으로 해결하길 바랍니다. 당신의 모든 결정과 실행이 결국 당신의 능력이 될 것입니다.

· **hang one's head** 풀이 죽다 · **proactively** 적극적으로 · **tackle** 문제를 해결하다

Proactivity

You're a leader.

Get used to discomfort.

Get used to discomfort. If you are second-guessing your decisions
with questions like, "Why did I say that I would do this?",
consider it proof that you're diving into new challenges.
If you're too comfortable, nothing significant is happening.
Manage discomfort by deciding to feel anticipation and
excitement for your growth.
You're the CEO of your thoughts and actions. So direct them
toward pursuits that truly matter to you.

불편함에 익숙해지세요.

불편함에 익숙해지세요. "내가 왜 이 일을 한다고 했을까?"라는 질문과 함께 당신의 결정에
대해 후회한다면, 새로운 도전을 하고 있다는 증거로 받아들이세요. 너무 편안하다면 중요
한 일이 생기지 않습니다. 성장에 대해 기대하고 설렘을 느끼면서 불편함을 관리하세요. 당
신은 당신의 생각과 행동의 CEO입니다. 그래서 당신의 생각과 행동을 진정으로 의미 있는
일들에만 사용될 수 있도록 하세요.

· second-guess 뒤늦게 비판하다   · dive into 뛰어들다

Proactivity

Get used to discomfort.

Take the initiative.

It's a matter of time that separates followers from leaders.
Followers wait for the right moment, while leaders take the
initiative.
Followers seek approval, while leaders seek to improve.
Followers view challenges as obstacles, while leaders view them as
opportunities.
Everyone gets to choose who they want to be. You can either let
life happen to you like a follower or take control and be the leader
of your life. So ask yourself: Do you want to react to life, or do
you want to design it?

능동적으로 시작하세요.

리더와 팔로워를 구분하는 것은 시간의 문제입니다. 팔로워는 완벽한 순간을 기다리는 반
면, 리더들은 능동적으로 시작합니다. 팔로워는 승인을 구하는 반면, 리더들은 발전을 추구
합니다. 팔로워들은 어려움을 장애물로 보는 반면, 리더들은 어려움을 기회로 봅니다. 모든
사람들은 자신이 되고 싶은 사람을 선택하게 됩니다. 당신은 팔로워처럼 삶이 당신에게 일
어나도록 두거나, 주도권을 잡아서 삶의 리더가 될 수도 있습니다. 그러니 스스로에게 물어
보세요. 삶에 반응하고 싶나요, 아니면 삶을 디자인하고 싶나요?

· **take the initiative** 능동적으로 먼저 시작하다, 주도하다 · **take control** 주도권을 잡다

Proactivity

Take the initiative.

Overcome fear.

There's a simple way to instantly get rid of fear. It's to give up. Just don't do it and forget it. Then there will be nothing to be scared about, and you'll feel comfortable.

But as time passes, regret will start to set in. 'Crises' start to show up in the areas of life that are comfortable. You'll realize that there is no way you can live the life you want by staying comfortable. So if you're feeling fearful, know that now is the time to be courageous.

두려움을 극복하세요.

두려운 마음을 단번에 없애는 간단한 방법이 하나 있습니다. 포기하면 됩니다. 그냥 안 하고, 잊어버리면 됩니다. 그러면 더 이상 두려울 일 없고, 편안합니다. 하지만 시간이 흐르면 후회합니다. 삶에서 편하다고 생각했던 부분에서 '위기'가 찾아옵니다. 편안함에 머물며 원하는 삶을 살 수 없다는 것을 깨닫게 될 것입니다. 두렵다면, 지금은 용기를 내야 할 때입니다.

· instantly 즉각

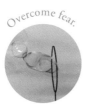

Overcome fear.

Honor the promises you made.

When you're gearing up for something important, there are moments when fear creeps in. However, when you indulge in fear and perfectionism, it leads to procrastination.
When you procrastinate, your skills don't improve. When your skills don't improve, you end up facing the very outcomes you feared.
So don't burden your future self with regret. Instead, honor the promises you made to your present self and keep moving forward.

약속을 지키세요.

무언가 중요한 것을 준비하면서 두려움이 생길 때가 있습니다. 하지만 두려움이나 완벽주의의 늪에 빠지면 일을 미룹니다. 일을 미루면 실력이 늘지 않습니다. 실력이 늘지 않으면 당신이 두려워했던 결과를 현실로 직면하게 됩니다. 미래의 나에게 후회라는 괴로움을 주지 마세요. 대신 현재의 나에게 한 약속을 지키고 계속해서 앞으로 나아가세요.

- **honor** 지키다 · **gear up** 준비하다 · **creep in** (부정적인 것이) 서서히 발전하다
- **indulge in** ~에 탐닉하다 · **procrastination** 미루기

Proactivity

Honor the promises you made.

Double down on your training.

There's a sense of nervousness that creeps in when you are still getting better at something. Instead of stressing over it, take it as a reminder that you're on the path of growth.
In those moments of self-doubt, don't fret. Just acknowledge it and say, "Ah, I could use some more practice."
That is your signal to double down on your training. Over time, your nervousness will transform into unshakable confidence.

훈련에 더욱 매진하세요.

여전히 실력이 나아지고 있는 중에도 긴장감이 생기는 것을 느낄 수 있습니다. 그것에 대해 스트레스를 받는 대신, 성장의 길을 가고 있다는 것을 상기시켜 주는 것으로 생각하세요. 그런 자기 의심의 순간에 초조해하지 마세요. 그저 인정하고 '아, 연습이 좀 더 필요하겠다.' 라고 말하세요. 이것이 훈련에 더욱 매진하라는 당신의 신호입니다. 시간이 지나면, 당신의 긴장감은 흔들리지 않는 자신감으로 바뀔 것입니다.

· **double down** 매진하다 · **fret** 초조해하다 · **I could use** ~가 필요하다

Proactivity

Double down on your training.

You are destined to improve.

If you don't shy away from challenges, you are destined to improve. Embracing the uncomfortable feelings that challenges bring, rather than avoiding them, is how you grow.

When you're faced with a problem that appears to outweigh your skills, choosing to grow instead of running away shows that you aren't controlled by your circumstances.

No one can stand in your way. You have the power to build an unbounded life.

당신은 발전할 운명입니다.

도전을 피하지 않는 당신은 발전할 운명입니다. 도전에 따라오는 불편한 감정들을 피하지 않고 수용할 때, 더 성장하게 됩니다. 당신의 능력을 초월한 문제에 직면했을 때, 도망치지 않고 성장을 선택하는 것은 당신이 환경에 지배를 받지 않음을 보여 줍니다. 누구도 당신을 막을 수 없습니다. 당신은 무한한 삶을 만들 힘이 있습니다.

· shy away from ~을 피하다 · face 마주하다 · outweigh ~보다 뛰어나다
· unbounded 한계가 없는

Proactivity

You are destined to improve.

Keep growing stronger.

You may think that your current situation will last forever, but it may not even last five years.
There's no need to get caught up in judgment, whether they are self-absorbed praise or thoughts that are dragging you down.
Instead of avoiding competition, challenge yourself to keep growing stronger.
Focus on achieving the best results you can in your current circumstances, free from unnecessary fears. Don't avoid challenges; embrace them. You've got this.

계속 강해지세요.

당신은 현재 상황이 평생 갈 것 같지만, 5년도 가지 않을 수 있습니다. 자기도취적인 칭찬이든 당신을 끌어내리는 생각이든 이러한 판단에 사로잡힐 필요가 없습니다. 경쟁을 피하지 말고, 계속 강해지기 위해 도전하세요. 지금 처한 상황에서 가장 좋은 결과를 내는 것에 집중하며 불필요한 두려움에서 벗어나세요. 도전을 피하지 말고 받아들이세요. 당신은 할 수 있습니다.

· **get caught up** 휘말리다 · **self-absorbed** 자기도취의 · **drag down** ~를 끌어내어 쓰러뜨리다
· **embrace** 받아들이다

Keep growing stronger.

Don't let perfectionism paralyze your actions.

Quality and quantity both require your attention, but here's the deal: One is subjective, while the other can be measured objectively. In everything we label as 'business,' it ultimately relies on someone's choice. The more quantifiable something is, the better your chances of success are.

What you can control, fundamentally, is the 'quantity.' Let the customers be the judge of the 'quality.' Don't let perfectionism paralyze your actions.

완벽주의로 인해 행동이 가로막히지 않도록 하세요.

품질과 양은 둘 다 신경 써야 하는 것들인데, 중요한 사실이 있습니다. 한 가지는 주관적이고, 다른 한 가지는 수치화할 수 있는 객관적이라는 사실입니다. '비즈니스'라고 불리는 모든 것은 결국 누군가의 선택을 받아야 합니다. 수치화가 가능할수록 성공 확률이 높아집니다. 당신이 컨트롤할 수 있는 것은 결국 '양'입니다. '품질'에 대한 판단은 소비자가 결정하게 두면 될 일입니다. 완벽주의로 인해 행동이 가로막히지 않도록 하세요.

· **paralyze** 무력하게 만들다, 마비시키다 · **quantifiable** 수치화가 가능한

Proactivity

Don't let perfectionism paralyze your actions.

Take on challenges.

Take on challenges proactively. Don't shy away from them.
Whether you're studying, starting a new job, or pursuing any
endeavor, aim for excellence. Give it your absolute best.
If you avoid challenges and say things like, "It won't work
anyway," or "It won't make much difference," you won't grow.
If you take on challenges and say things like, "I'm excited about
my growth," you will find yourself developing valuable skills
throughout the process.

도전하세요.

적극적으로 도전해 보세요. 도전을 피하지 마세요. 공부를 하고 있든, 새로운 일을 시작했든, 어떤 노력을 하고 있든 최고를 목표로 하세요. 최선을 다하세요. "어차피 안 될 거야." "해 봤자 별 다른 차이 없을 거야."라며 도전을 피하면, 성장도 없을 것입니다. "나의 성장이 기대돼."라고 말하며 도전을 받아들이면, 그 과정 속에서 당신은 중요한 기술을 발전해 나갈 수 있습니다.

· take on challenge 도전하다 · proactively 적극적으로 · shy away from ~을 피하다

Take on challenges.

PART
06

Kindness

"Lead with kindness because it makes you happier."

"당신을 더 행복하게 해 주기 때문에 친절하게 이끄세요."

from Day 59

Express your gratitude.

Praise has the incredible power to uplift others and there's no reason to hold it back. It is very clear that kindness fuels motivation in people's work.
Why don't you dedicate a week to spreading compliments?
Be generous with your gratitude.
Remember, appreciation without hesitation can be a powerful motivator for someone to keep showing up with the next level of energy.

감사한 마음을 표현하세요.

칭찬은 사람들의 기운을 북돋는 큰 힘이 있으며 이에 인색할 이유가 없습니다. 친절함은 분명 사람들이 더욱 신나게 일할 수 있는 동기를 제공해 줍니다. 칭찬을 전하는 한 주를 보내면 어떨까요? 감사한 마음을 아낌없이 전하세요. 주저 없이 감사함을 표현하는 것이 누군가에게 더 큰 힘을 낼 수 있는 강력한 동기가 될 수 있다는 것을 기억하세요.

· **uplift** 기운을 북돋다 · **compliment** 칭찬

Kindness

Express your gratitude.

Kindness matters.

Kindness matters. This is what we teach young children.
We don't tell them that being kind won't lead to success because we
know that kindness shouldn't be compared to other values.
We teach kids to be kind, and yet, we as adults often fail to practice
kindness to each other. We are not responsible for people's feelings,
but we are responsible for our own behavior.

친절은 중요합니다.

친절이 중요합니다. 이것이 우리가 어린 아이들에게 가르치는 것입니다. 우리는 아이들에
게 친절하다고 해서 성공할 수 있는 것은 아니라고 말하지 않습니다. 왜냐하면 우리는 친절
함이 다른 가치관과 비교되어서는 안 된다는 것을 알기 때문입니다. 우리는 아이들에게 친
절하게 대하라고 가르치지만, 어른으로서 우리는 서로에게 친절함을 실천하지 못합니다.
사람들의 감정이 우리의 책임은 아니지만, 우리의 행동은 우리 자신의 책임입니다.

· **matter** 중요하다   · **lead to** ~로 이어지다

Kindness

Kindness matters.

Kindness is different from people-pleasing.

Kindness is powerful only when you truly mean it.

There's a fine line between people-pleasing and true kindness.

People-pleasing is self-oriented, while kindness is focused on others.

When you're driven by fear of others' thoughts, feelings, and actions,

you may find yourself engaging in people-pleasing behaviors.

On the other hand, when you genuinely care about others, you

naturally express kindness.

However, be kind to yourself first; it'll make it easier to extend that

kindness to others.

친절과 비위를 맞추는 것은 다릅니다.

친절은 진심일 경우에만 힘이 있습니다. 사람들의 비위를 맞추는 것과 진정으로 친절한 것
사이에는 차이가 있습니다. 비위를 맞추는 것은 자기 지향적인 반면 친절은 타인 지향적입
니다. 타인의 생각, 감정, 행동에 대한 두려움에 이끌릴 때 비위를 맞추는 행동을 하게 될 수
있습니다. 반면에, 타인을 진심으로 배려할 때 자연스럽게 친절함을 표현하게 됩니다. 하지
만 먼저 자신에게 친절하게 대하세요. 다른 사람들에게 그 친절함을 더 쉽게 확장할 수 있
을 것입니다.

· **There's a fine line** 작은 차이가 있다 · **self-oriented** 자기 지향적인

Kindness

Kindness is different from people-pleasing.

Kindness is a strength.

Being kind doesn't mean you are agreeable. It doesn't mean you should lower your standards, either. It is not about pleasing people. Kindness is not a weakness. It's a strength. Kindness is the capability to create a better environment for people to thrive in. When a person is kind to themselves, they become more productive and resilient. With kindness, you can inspire others to show up as the best version of themselves.

DAY
054

친절함은 강점입니다.

친절하다고 해서 (다른 사람들의 의견에) 쉽게 동의한다는 뜻은 아닙니다. 자신의 기준을 낮추는 것도 아닙니다. 사람들의 비위를 맞추는 것도 아닙니다. 친절은 약점이 아니라 강점입니다. 친절은 사람들이 번창할 수 있는 더 나은 환경을 만드는 능력입니다. 사람이 스스로에게 친절할 때, 더 생산적이고 회복력이 있는 사람이 됩니다. 친절함으로, 당신은 다른 사람들이 최고의 모습으로 보이도록 격려할 수 있습니다.

· **agreeable** 기꺼이 동의하는　· **thrive** 번창하다　· **resilient** 회복력이 있는

Kindness

Kindness is a strength.

People want to be seen.

People want to be seen. People want to feel valued in the workplace.
True leaders make employees feel that they matter.
Those who feel seen, valued, and secure are motivated to make even
greater contributions to the team.
"Your dedication to this project went above and beyond. Thank you."
"I really appreciate your hard work."

사람들은 자신을 알아봐 주길 바랍니다.

사람들은 자신을 알아봐 주길 원합니다. 사람들은 직장에서 가치 있는 존재로 여겨지고 싶어 합니다. 진정한 리더는 직원들로 하여금 자신이 중요하다고 느끼게 합니다. 자신이 주목받고, 중요하게 여겨지며, 안전하게 느낄 때 사람들은 팀에 훨씬 더 많이 기여하고 싶은 동기 부여가 됩니다. "이 프로젝트에 대한 당신의 헌신은 뛰어났습니다. 감사합니다." "고생해 주신 것에 감사드립니다."

· **workplace** 직장   · **above and beyond** 기대 이상으로

Kindness

People want to be seen.

Boost people's morale.

If you want to boost people's morale effectively, try this: be specific when giving compliments.
Instead of just saying, "You are awesome!", acknowledge their actions and what they did to succeed that day. This is crucial because many people tend to downplay their accomplishments.
Feeling unappreciated for what they've done can chip away at their motivation. When you acknowledge their efforts, they will feel capable, recognized, and motivated to create more of those moments of achievement.

사람들의 사기를 높이세요.

만약 당신이 사람들의 사기를 효과적으로 높이고 싶다면, 이렇게 해 보세요. 구체적으로 칭찬을 하세요. 그저 "멋져요!"라고 말하는 대신에, 그들의 행동과 그날의 성공을 위해 그들이 한 일을 인정해 주세요. 많은 사람들이 자신의 업적을 경시하는 경향이 있기 때문에 이렇게 인정해 주는 것은 매우 중요합니다. 한 일에 대해 인정받지 못한다고 느끼는 것은 그들의 동기를 손상시킬 수 있습니다. 당신이 그들의 노력을 인정할 때, 그들은 능력 있고, 인정받는다고 느낄 것이며, 더 많은 성취의 순간들을 창조할 동기 부여를 받을 것입니다.

· **morale** 사기, 의욕　· **downplay** 경시하다　· **chip away at** ~을 조금씩 깎아먹다

Kindness

Boost people's morale.

It has nothing to do with gratitude.

Some people think being grateful holds them back from becoming successful. If someone struggles to make more money, it's not because they are too grateful. It's because they lack the skills to do so. Not accumulating wealth isn't because you're satisfied and content with your life. It's because you lack the skills to manage money effectively.

The truth is, being grateful has nothing to do with poor skills.

The more you cultivate a grateful and abundant mindset, the more joyously you can develop the skills you need.

DAY
057

감사함과는 상관없습니다.

감사한 마음을 가지면 성공에 방해가 된다고 생각을 하는 사람들이 있습니다. 누군가 더 많은 돈을 벌기 위해 애쓰고 있다면 너무 감사하기 때문이 아닙니다. 돈을 버는 기술이 부족하기 때문입니다. 자산을 못 모으는 것은 삶에 만족하고 풍요로워서가 아닙니다. 돈을 효율적으로 관리하는 기술이 부족하기 때문입니다. 사실은 감사함과 서툰 기술 사이에는 아무런 관련이 없습니다. 감사하고 풍요로운 마음을 가질수록, 당신이 필요한 기술을 더욱 즐겁게 키워 나갈 수 있습니다.

· **hold back** 방해하다 · **accumulate** 축적하다, 모으다 · **cultivate** 기르다

Kindness

It has nothing to do with gratitude.

Remind people of their strengths.

Remind people of their strengths. We all tend to downplay the incredible gifts we have. We each hold a unique superpower, yet we barely acknowledge it. We've also probably talked about our weaknesses more than enough.

Empowering people can genuinely help them win. And don't stop there; also remind yourself how awesome you are.

Give yourself and the people around you a daily dose of empowerment. It'll be worth it.

사람들에게 그들의 장점을 상기해 주세요.

사람들에게 그들의 장점을 상기해 주세요. 우리 모두는 우리가 가진 놀라운 재능을 경시하는 경향이 있습니다. 우리는 각자 독특한 초능력을 가지고 있지만, 그것을 거의 인지하지 못하고 있습니다. 그리고 아마도 우리는 우리의 약점에 대해 너무 많이 이야기했을 것입니다. 사람들에게 힘을 실어 주는 것은 진정으로 그들이 이기도록 도울 수 있습니다. 그리고 거기서 멈추지 말고, 당신이 얼마나 멋진 사람인지를 스스로에게 상기해 보세요. 매일 자신과 주변 사람들에게 힘을 실어 주세요. 그럴 만한 가치가 있을 것입니다.

· **downplay** 경시하다 · **empower** 힘을 실어 주다 · **a dose of** 약간의

Kindness

Remind people of their strengths.

Lead with kindness.

Lead with kindness because it makes you happier.

When you lead with kindness, it gives you fulfillment and happiness.

Lead with kindness because it can transform relationships.

When you lead with kindness, it breaks down barriers and builds trust.

Lead with kindness because it can save someone's day.

When you lead with kindness, it can be a lifeline to someone in need.

Lead with kindness because it can elevate your influence.

When you lead with kindness, you become a magnet for greatness.

친절하게 이끄세요.

당신을 더 행복하게 해 주기 때문에 친절하게 이끄세요. 친절하게 이끌면 성취감과 행복감이 생깁니다. 관계를 변화시킬 수 있기에 친절하게 이끄세요. 친절하게 이끌면 장벽이 허물어지고 신뢰가 쌓입니다. 누군가의 하루를 살릴 수 있기 때문에 친절하게 이끄세요. 당신이 친절하게 이끌 때, 그것은 도움이 필요한 누군가에게 생명줄이 될 수 있습니다. 당신의 영향력을 높일 수 있기 때문에 친절하게 이끄세요. 당신이 친절하게 이끌면 당신은 위대함의 자석이 됩니다.

· **lifeline** 생명줄   · **elevate** 높이다

Kindness

Lead with kindness.

PART
07

Humanity

"Asking rather than pretending is a strength."

"아는 척하지 않고 묻는 것이 곧 힘입니다."

from Day 60

Be okay to ask.

Be okay with not knowing everything.
A great leader is not an expert at all things. A leader is someone
who leads people with inspiration and brings out the best in them.
Be okay with asking questions, and don't degrade yourself
because you don't know certain things. No one knows everything.
Your job is not to pretend like you have it all.
Being an expert doesn't make you a leader. A leader is someone
who makes collective success possible. Asking rather than
pretending is a strength.

물어봐도 괜찮습니다.

모든 것을 다 알지 못해도 괜찮습니다. 위대한 리더라도 모든 것에 전문가는 아닙니다. 리더는 사람들에게 영감을 주며 그들이 최고의 능력을 발휘하게 하는 사람입니다. 질문을 해도 괜찮습니다. 그리고 모르는 것이 있다고 해서 자신을 비하하지 마세요. 그 누구도 모든 것을 알 수는 없습니다. 당신의 역할은 모든 것을 가지고 있는 것처럼 행동하지 않는 것입니다. 전문가가 된다고 해서 리더가 되는 것은 아닙니다. 리더는 집단적인 성공을 가능하게 하는 사람입니다. 아는 척하지 않고 묻는 것이 곧 힘입니다.

• **expert** 전문가 • **bring out the best in** ~가 최고의 능력을 발휘하게 하다
• **degrade** 비하하다 • **pretend** ~인 척하다

Humanity

Be okay to ask.

Beware of the traps of dissatisfaction.

Some people believe that if we are satisfied, we won't grow.
Dissatisfaction can be used as motivation to achieve more.
However, beware of the traps of dissatisfaction, because too
much of it can be used against you.
If you're always thinking that nothing's ever enough, you're
using it against yourself. Too much dissatisfaction ends up killing
motivation. Feeling satisfied is a skill you must cultivate to move
on to the next level.

불만의 덫을 조심하세요.

어떤 사람들은 우리가 만족하면 성장하지 못할 것이라고 생각합니다. 불만은 더 많은 것을
성취하기 위한 동기 부여로 사용될 수 있습니다. 그러나 너무 과용하면 자신에게 불리할 수
있기에 불만의 덫을 조심해야 합니다. 항상 아무 것도 충분하지 않다고 생각한다면 당신은
그것을 자신에게 불리하게 사용하는 것입니다. 너무 많은 불만은 결국 동기를 죽입니다. 만
족감을 느끼는 것은 다음 단계로 나아가기 위해 길러야 할 기술입니다.

• end up 결국 ~하게 되다 • move on 나아가다

Humanity

Beware of the traps of dissatisfaction.

There's no reason to get discouraged.

No matter what kind of field you are in, people who gossip and talk about your work never do it better than you. Never. They may talk all they want, but it doesn't mean they know more than you. People who excel in your field don't talk about you. Can you even imagine someone at the top of your profession gossiping about you? It wouldn't even cross their minds. No matter what your field of expertise is, don't let people's empty words shake your confidence.

움츠러들 이유가 없습니다.

당신이 어떤 분야에서 일을 하고 있건, 당신이 하는 일에 대해 험담하고 뭐라 하는 이들은 절대로 당신보다 그 일을 잘하지 않습니다. 그들은 하고 싶은 말을 다 하겠지만 그렇다고 그들이 당신보다 더 많은 것을 안다는 것은 아닙니다. 당신이 있는 분야에서 뛰어난 사람은 당신에 대해 이야기하지 않습니다. 당신이 있는 분야에서 최고의 자리에 있는 사람이 당신에 대해 험담을 하는 것이 상상이 되나요? 그들은 생각조차 하지 않을 것입니다. 당신의 전문 분야가 무엇이든 사람들의 가치 없는 말들이 당신의 자신감을 흔들게 두지 마세요.

· excel 뛰어난 · expertise 전문지식

Humanity

There's no reason to get discouraged.

Perfection is an illusion.

Perfection is an illusion.

There's not a single soul in this world who is 'perfect.'

Every single thing we see is crafted by beautifully flawed
individuals. No opportunity, no endeavor, and no project can ever
be 'perfect.'

That's why we need a positive mindset. Otherwise, we're trapped
in a never-ending loop of negativity.

Embrace those imperfections. You have the power to create
remarkable results regardless.

완벽함은 환상입니다.

완벽함은 환상입니다. 세상에는 단 한 명도 '완벽한' 사람이 없습니다. 우리가 보는 모든 것
들은 아름답게 결함이 있는 사람들에게서 만들어진 것입니다. 어떠한 기회도, 어떠한 일도,
어떠한 프로젝트도 '완벽'할 수 없습니다. 그래서 우리에게는 긍정적인 마음가짐이 필요합
니다. 그렇지 않으면 끝나지 않는 부정의 고리에 갇히게 됩니다. 불완전함을 받아들이세요.
당신은 불완전해도 뛰어난 결과를 만들 수 있는 힘을 가지고 있습니다.

· craft 만들다 · flawed 결함이 있는 · loop 고리

Humanity

Perfection is an illusion.

Acknowledge yourself.

If you don't acknowledge yourself, you won't acknowledge the
things you create. Without self-belief and self-appreciation, you
won't be able to put your remarkable skills to use. For instance,
such individuals might create awesome products but may struggle
to sell them at their true value.
Validate yourself before seeking validation from others.
Choose to take pride in yourself. Support yourself to become
who you aspire to be. It will be far more effective than self-blame.

스스로를 인정해 주세요.

스스로를 인정해 주지 않으면, 자신이 만든 것들도 인정하지 않습니다. 스스로를 믿지 않
고, 탐탁지 않게 여기면 훌륭한 능력을 가지고 있어도 그 능력을 사용하지 못합니다. 예를
들어, 이런 사람들은 물건은 잘 만드는데 제값을 받고 팔지는 못하게 됩니다. 다른 사람들
의 인정을 받기 전에 스스로를 인정하세요. 스스로를 자랑스러워하겠다고 선택하세요. 그
리고 스스로가 원하는 모습이 될 수 있도록 도와주세요. 이것이 자책하는 것보다 훨씬 효과
적일 것입니다.

· **put to use** 사용하다   · **far more** 훨씬   · **validate** 인정하다

Acknowledge yourself.

Your capability is not fixed.

You might be sad because you don't feel capable or strong enough. It can feel like you are far behind where you want to be, but remember this: what matters the most is that you are heading in the right direction.
Your capability is not fixed; you are still growing. Don't stop your journey because you think you've failed. People still need you.

당신의 능력은 고정된 것이 아닙니다.

당신은 능력이 있거나 충분히 강하다고 느끼지 않기에 슬플 수 있습니다. 당신이 되고 싶은 모습에 많이 뒤처져 있는 것처럼 느껴질 수도 있지만, 이 점을 기억하세요. 가장 중요한 것은 당신이 올바른 방향으로 가고 있다는 것입니다. 당신의 능력은 고정된 것이 아닙니다. 당신은 여전히 성장하고 있습니다. 실패했다고 생각하며 여행을 멈추지 마세요. 사람들이 당신을 필요로 하니까요.

· **be far behind** 많이 뒤처지다   · **head** 향하다

Humanity

Your capability is not fixed.

Don't crush your confidence.

Humility isn't about blocking your own path or believing that you
lack the ability to progress.
"You're not ready yet."
"Who do you think you are?"
These inner voices undervalue your capability and hold you back.
Check if your fear is disguising itself as humility.
If you're worried about lacking skills, you can develop them
while believing in yourself. Don't say things to yourself that you
wouldn't say to anyone else. Don't crush your confidence.

DAY
066

자신감을 꺾지 마세요.

겸손함은 스스로의 길을 가로막거나 나아갈 능력이 부족하다고 믿는 것이 아닙니다. "너는
아직 준비가 안 되었어." "네가 뭔데 사람들 앞에 나서?" 이러한 내면의 목소리들은 당신의
능력을 과도하게 낮게 평가하고, 성장을 가로막습니다. 겸손함을 가장한 두려움은 아닌지
체크해 보세요. 실력이 부족한 것이 걱정이라면, 스스로를 믿으며 실력을 쌓을 수 있습니
다. 누군가에게도 하지 않을 말을 스스로에게 하지 마세요. 자신감을 꺾지 마세요.

· **humility** 겸손 · **block** 가로막다 · **undervalue** 과소평가하다

Humanity

Don't crush your confidence.

Recognize your innate qualities.

Humility is much more than just acknowledging your imperfections. Humility is about being grateful for everything that has made you who you are today. It's knowing that you're not great all by yourself. It's being thankful to those who have helped you along the way. It's recognizing your innate qualities. It's appreciating the abundance that you're currently blessed with. Those who possess gratitude clearly understand their strengths. They can take massive actions to build momentum.

타고난 자질을 인정해 주세요.

겸손함은 단순히 약점을 인정하는 것 그 이상입니다. 겸손함이란, 지금의 나를 만들어 준 모든 것에 감사하는 것입니다. 당신 스스로 잘난 것이 아님을 인지하는 것입니다. 지금까지 당신을 도와준 사람들에게 감사하는 것입니다. 타고난 자질을 인정하는 것입니다. 당신이 현재 누리고 있는 풍족함에 감사하는 것입니다. 감사하는 마음을 가진 사람은 그들의 강점을 분명히 이해하고 있습니다. 그들은 힘을 얻기 위해 거대한 행동을 할 수 있습니다.

· innate 타고난 · imperfection 결점, 단점 · possess 소유하다 · momentum 기세, 힘

Humanity

Recognize your innate qualities.

Don't sell yourself short.

Don't sell yourself short. When you are jumping into something new, never undersell yourself. Believe it or not, you might already be much better at your new endeavor than those who have been doing it for years. Even though you might have just started, you have tools that veterans in the industry don't have. Recognizing this and refusing to undervalue yourself can save you significant time and resources. Above all, it allows you to live life on your terms.

DAY
068

자신을 과소평가하지 마세요.

자신을 과소평가하지 마세요. 새로운 것을 할 때 절대 당신의 가치를 떨어뜨리지 마세요. 믿기 힘들겠지만 당신은 수년간 그 일을 해 온 사람들보다 당신의 새로운 일을 이미 더 잘 할 수도 있습니다. 당신이 이제 막 시작했다 하더라도 그 업계의 경험 많은 사람조차 가지지 못한 도구를 가지고 있습니다. 이 사실을 인지하고 스스로 과소평가하지 않는 것만으로도 엄청난 시간과 돈을 절약할 수 있습니다. 무엇보다, 스스로의 모습으로 살아갈 수 있습니다.

· **sell short** ~을 경시하다, 과소평가하다 · **undersell** 싼 가격에 팔다, 가치를 떨어뜨리다
· **on one's terms** 자기 방식대로

Humanity

Don't sell yourself short.

You are not alone.

You may feel lonely because you think no one understands you.
You may feel lonely because you think you're on your own.
Loneliness leads to underperformance, and ultimately burnout.
Loneliness comes when a leader loses humanity.
What is blocking you from making deeper connections?
What could help you create more meaningful connections?
Remember, you are not alone.

당신은 혼자가 아닙니다.

아무도 당신을 이해해 주지 않는다고 느끼기 때문에 당신은 외로울 수 있습니다. 혼자 있는 것 같아서 외로울 수 있습니다. 외로움은 낮은 성과를 초래하고, 궁극적으로 번아웃을 초래합니다. 외로움은 리더가 인간성을 잃을 때 옵니다. 더 깊은 관계를 가로막는 것은 무엇인가요? 더 의미 있는 관계를 맺는 데 도움이 되는 것은 무엇인가요? 당신은 혼자가 아니라는 것을 기억하세요.

• on one's own 혼자서, 단독으로   • underperformance 성과 부진

Humanity

You are not alone.

PART
08

Perspective

"Let go of comparison and
shift your focus to your own life."

"비교하지 말고 당신의 삶에 집중하세요."

from Day 71

What perspectives serve you?

What perspectives serve a person to be a strong leader?
When difficulties arise, some say things like:
"Why does this have to be so difficult?"
"What did I do to deserve this?"
"What's wrong with my life?"
On the other hand, strong leaders say,
"This is my opportunity to grow."
"I'm excited to meet the person I've become after this chapter."

어떤 관점이 도움이 되나요?

한 사람이 강한 리더가 되는 데 어떤 관점이 도움이 될까요? 어려움이 닥쳤을 때 어떤 사람들은 다음과 같은 말을 합니다. "왜 이렇게 어려운 거지?" "왜 내가 이런 일을 당해야 하지?" "내 인생에 무슨 문제가 있나?" 반면에 강한 리더들은 이렇게 말합니다. "지금이야말로 성장할 수 있는 기회야." "이 시기가 지나고 성장할 나 자신을 만날 생각에 기대된다."

• arise 발생하다 • on the other hand 반면에

Perspective

What perspectives serve you?

Let go of comparison.

Comparing yourself to someone who seems to have it all together is a losing game. Don't think of that person as a competitor. Don't lose heart by comparing yourself to him or her.

When you see someone for just an hour, that's merely a fraction of their 24-hour day. When seeing someone's year, it's the result of decades of effort.

Let go of comparison and shift your focus to your own life. Remember, it's YOUR life, and there's no such thing as being "too late." You have the power to make it happen.

비교를 내려놓으세요.

모든 것을 가진 것 같아 보이는 사람과 자신을 비교하는 것은 지는 게임입니다. 그 사람을 경쟁 상대로 생각하지 마세요. 그 사람과 비교해서 낙담하지도 마세요. 당신이 어떤 사람을 한 시간 동안 볼 때 그것은 단순히 그 사람의 24시간 중의 일부일 뿐입니다. 그 한 사람의 일 년을 볼 때 그것은 수십 년의 노력의 결과인 것입니다. 비교하지 말고 당신의 삶에 집중하세요. 어차피 당신 인생이며, 너무 늦은 것 따위는 없습니다. 당신은 할 수 있는 힘이 있습니다.

· lose heart 낙담하다 · fraction 일부 · decade 10년 · shift 옮기다

Perspective

Let go of comparison.

You are the star of your show.

We only ever see a small piece of the whole picture.
What we see are just fragments of other people's stories.
Don't waste energy being jealous of others' lives.
Don't look at one aspect of a successful person's life and say, "Why don't I have what he has?" Instead, use that person as a catalyst, knowing that that's one of many options.
You are the star of your show, not them. You've got what it takes to make the best version of your life.

당신이 쇼의 주인공입니다.

우리는 모두 현상의 일부분만을 봅니다. 우리가 보는 것은 다른 사람들 이야기의 단편뿐입니다. 다른 사람의 인생에 대해 질투하며 에너지를 낭비하지 마세요. 성공한 사람의 삶의 한 측면만 보고 "왜 나는 그가 가진 것을 갖고 있지 않지?"라고 생각하지 마세요. 대신 그 사람의 삶이 많은 선택지 중에 하나라는 것을 알고 기폭제로 사용하세요. 당신이 쇼의 주인공이지 그들이 아닙니다. 당신은 최상의 삶을 살아갈 수 있습니다.

· fragment 단편 · catalyst 기폭제

Perspective

You are the star of your show.

Are you looking for a better tactic?

There are people out there with aspirations, but they struggle to take action. They obsess over the 'how.' Knowing how is indeed important, but you can know every strategy in the world and still be stuck, unable to make the next move.

In those situations, it's not about searching for a better tactic. It's about trusting yourself. If you're ever in that rut, ask yourself this: Is it because I don't know 'how' to do it, or is it because I don't trust myself enough to actually do it?

더 효과적인 방법을 찾고 있나요?

열망은 있는데 목표를 향해 행동을 하지 못하는 사람들이 있습니다. 그들은 '어떻게'에 대해 고민합니다. 방법을 아는 것은 확실히 중요하지만, 세상의 모든 전략을 알고 있어도 꼼짝 못 하고 다음 행동을 못할 수 있습니다. 그럴 때에는 더 효과적인 방법을 찾지 못한 것이 문제가 아닙니다. 스스로에 대한 믿음이 문제입니다. 당신이 그런 상태에 정체되어 있다면 스스로에게 한 번 물어보세요. 내가 행동하지 못하는 이유는 '할 수 있는 방법'을 몰라서일까, 아니면 '할 수 있다는 믿음'이 없어서일까?

· tactic 전략 · aspiration 열망 · obsess over ~에 대해 고민하다
· be in a rut 판에 박힌 생활을 하다

Perspective

Are you looking for a better tactic?

Are you torn between two options?

When you find yourself torn between two options, try this perspective: If these options are significant enough to make you stop and think, they probably both have value. If one option were significantly better, you wouldn't hesitate.

So the key now is to develop the ability to take charge and create the best possible outcome, no matter which choice you make. If you are determined to become a better person, create the result you want with whatever decision you make.

DAY
074

두 개의 옵션 사이에서 고민하고 있나요?

두 개의 옵션 사이에 고민하고 있다면, 이렇게 생각해 보세요. 그 옵션들이 당신이 멈춰서 고민할 정도로 중요하다면 둘 다 아마도 가치가 있을 것입니다. 아주 명확하게 한쪽이 더 좋다면 망설이지 않을 것입니다. 그렇다면 이제 중요한 것은 당신이 어떤 선택을 하건 최상의 결과를 이끌어 낼 수 있는 능력을 개발하는 것입니다. 당신이 더 나은 사람이 되기로 결심했다면 당신이 어떤 선택을 하든 당신이 원하는 결과를 만들어 내세요.

· **torn between** ~ 사이에서 고민 중인   · **take charge** 주도하다, ~을 떠맡다

Perspective

Are you torn between two options?

The choice is yours.

There are two kinds of people: those who use their circumstances as an excuse, and those who turn them into motivation.
The question is, how do you view your surroundings? Are they tools for progress, or are they obstacles in your way? The choice is yours.
Are you going to empower yourself by using your environment as a tool for higher achievement, or will you surrender the driver's seat of your life to someone else?

선택은 당신의 것입니다.

두 종류의 사람이 있습니다. 어떤 사람은 자신의 환경을 변명거리로 사용하고, 어떤 사람은 자신의 환경을 동기 부여로 사용합니다. 문제는 당신은 환경을 어떻게 보고 있느냐는 것입니다. 성장을 위한 도구인가요, 아니면 당신 앞의 장애물로 보고 있나요? 선택은 당신의 몫입니다. 더 높은 성과를 위해 당신의 환경을 도구로 사용해서 당신 스스로에게 권한을 부여할 것인가요, 아니면 당신 삶의 주도권을 다른 사람에게 넘길 것인가요?

· excuse 변명 · turn into 바꾸다 · empower ~에게 권한을 주다

Perspective

The choice is yours.

Are you becoming?

Here's a question that can help you make decisions.
"Are you in the process of becoming or are you avoiding?"
In other words, are you moving toward your fullest potential or
are you running away from discomfort?
Becoming means stepping out of your comfort zone and growing
into a version of yourself that you wish to see.
Running away means staying stagnant and clinging to the familiar
to feel comfortable at the price of sacrificing your dreams. Your
answer to this question will bring you clarity.

DAY
076

당신은 (원하는 모습이) 되어 가고 있나요?

여기 의사 결정에 도움이 되는 질문이 있습니다. "당신은 (원하는 모습이) 되어 가고 있는
중인가요, 아니면 피하고 있는 중인가요?" 다시 말해, 잠재력을 최대한 발휘하는 쪽으로 나
아가고 있나요, 아니면 불편함을 피해 도망치고 있나요? 무언가 된다는 것은 편안한 공간
에서 벗어나 당신이 원하는 자신의 모습으로 성장하는 것을 의미합니다. 도망친다는 것은
정체된 상태에 머물며, 자신의 꿈을 희생시키는 대가로 익숙함에 달라붙어 편안함을 느낀
다는 것을 의미합니다. 이 질문에 대한 답변이 당신에게 명확함을 가져다줄 것입니다.

· In other words 다시 말해서   · stagnant 정체된   · cling to ~을 고수하다

Perspective

Are you becoming?

You are on the same team.

Remember this in a conflict with someone you care about.
It's not a matter of want, but a matter of capability.
What does this mean? It's easy to assume that the other person has
done something if they wanted to do it. This is neither true nor
helpful. You may want them to act a certain way, but they may
not meet your expectations. It is because they can't, not because
they don't care.
Maybe it is not one of their strengths, just like there are things
you are not good at. At the end of the day, you are on the same
team.

DAY
077

당신은 같은 팀에 있습니다.

당신이 아끼는 누군가와 갈등을 빚을 때 이 점을 기억하세요. 이것은 욕구의 문제가 아니라
능력의 문제입니다. 이게 무슨 뜻일까요? 상대방이 원했기 때문에 무언가를 했을 거라고
추측하기 쉽습니다. 이것은 사실도 아니고 도움이 되지도 않습니다. 당신은 그들이 특정한
방식으로 행동하기를 원할 수도 있지만, 그들은 당신의 기대에 부응하지 못할 수도 있습니
다. 그들이 신경을 쓰지 않은 것이 아니라 할 수 없기 때문입니다. 아마도 그들의 장점이 아
닐 수도 있습니다. 마치 당신이 잘하지 못하는 것들도 있는 것처럼 말입니다. 결국 당신은
그들과 같은 팀에 있습니다.(같은 편입니다)

· **assume** 추측하다　· **meet expectations** 기대에 부응하다

Perspective

You are on the same team.

Practice long-term thinking.

There is an important perspective to consider when dealing with relationships with people and in work — and that's "long-term thinking." Many people misunderstand this.

"Should I take it easy since there are no immediate results?"

No, it's quite the opposite.

By not fixating on instant results, we can focus on the task at hand right now. If we can adopt a "long-term perspective," life becomes smoother and time becomes our ally — even when we encounter short-term setbacks.

길게 보는 관점을 연습하세요.

사람과의 관계와 일을 대할 때도, 중요한 관점이 있습니다. 바로 '길게 보는 것'입니다. 이 말을 오해하는 분들이 많습니다. '지금 당장 결과가 없어도 되니까 편하게 생각해야 하나?' 아닙니다. 오히려 그 반대입니다. 지금 당장의 결과에 연연하지 않기에 지금 당장 집중해서 무언가를 할 수 있습니다. 길게 보는 관점을 취하면 단기간에 손해를 본다 하더라도 삶이 더욱 원활하고 시간은 우리의 조력자가 됩니다.

· take it easy 편하게 생각하다 · fixate 연연하다 · ally 협력자 · encounter 만나다
· setback 후퇴, 패배

Perspective

Practice long-term thinking.

Be fully present.

Savoring is one of the most essential skills for higher performance and a happier life. Savoring means being fully present in the moment and appreciating it.

Think about a great opportunity that comes your way. At first, you might be excited. But if you don't pause to fully appreciate it, those feelings can quickly transform into nerve-wracking pressure. It's like going from "I'm really looking forward to this" to "I can't afford to lose this chance" in the blink of an eye. Treasure the experience for what it is.

그 순간에 충실하세요.

음미하는 것은 더 높은 성과와 행복한 삶을 위해 가장 필수적인 기술 중 하나입니다. 음미한다는 것은 그 순간에 충실하고, 감상하는 것입니다. 당신 앞에 주어진 좋은 기회에 대해 생각해 보세요. 처음에는 신이 날 수도 있습니다. 하지만 당신이 멈춰 서서 그것을 완전히 음미하지 않는다면, 그러한 감정들은 당신을 긴장시키는 압박으로 빠르게 바뀔 수 있습니다. 마치 눈 깜짝할 사이에 "너무 기대된다."에서 "이 기회를 놓칠 여유가 없다."로 넘어가는 것과 같습니다. 경험을 있는 그대로 소중히 여기세요.

• savor ~을 음미하다 • essential 중요한 • nerve-wracking 신경이 많이 쓰이는
• treasure 소중히 여기다

Perspective

Be fully present.

PART
09

Communication

"Communication is a vital key
to building effective teamwork and influence."

"커뮤니케이션은 효과적인 팀워크와 영향력 구축에 있어
중요한 역할을 합니다."

from Day 81

Be clear.

It can be difficult to have a clear conversation with someone.

You may not want to hurt the other person's feelings.

You may not want to come across as harsh.

But when your message is unclear, their performance suffers.

It's as if you're asking a player to guess where the target is.

Always strive to communicate with clarity and specificity.

A clear conversation might be the best thing you can do for someone.

명확해지세요.

누군가와 명확한 대화를 나누는 것은 어려울 수 있습니다. 상대방의 감정을 상하게 하고 싶지 않을 수 있습니다. 너무 엄한 인상을 주고 싶지 않을 수도 있습니다. 그러나 당신의 메시지가 불분명하면 그들의 성과가 나빠집니다. 마치 선수에게 목표 지점을 추측하도록 하는 것과 같습니다. 항상 명확하고 구체적으로 의사소통하려고 노력하십시오. 명확한 대화는 누군가를 위해 할 수 있는 최선의 일일 수 있습니다.

· **clear** 명확한 · **come across as** ~이라는 인상을 주다 · **harsh** 심한, 엄격한

Communication

Be clear.

Communication is a necessity.

Communication is a vital key to building effective teamwork and influence. It's not just an option; it's a necessity. Mastering this skill isn't something that comes naturally; it requires intentional practice. It's important to remember that poor communication doesn't mean you are a bad person. It simply means there's room for growth. Think of it this way: if you were a beginner golfer, you wouldn't expect to hit a hole-in-one in your first year. The key is to practice and continuously refine your communication skills.

DAY
081

커뮤니케이션은 필수입니다.

커뮤니케이션은 효과적인 팀워크와 영향력 구축에 있어 중요한 역할을 합니다. 커뮤니케이션은 선택사항이 아닌 필수입니다. 이것은 자연스럽게 습득되는 기술이 아닙니다. 의도적인 연습이 필요합니다. 커뮤니케이션이 부족하다고 해서 당신이 나쁜 사람이라는 것을 의미하지는 않음을 기억해야 합니다. 그저 성장할 여지가 있다는 뜻입니다. 이렇게 생각해 보세요. 당신이 골프를 시작한 초급자라면 첫 해부터 홀인원을 치기를 기대하지는 않을 것입니다. 중요한 것은 계속 노력하고 커뮤니케이션 스킬을 지속적으로 개선하는 것입니다.

· vital 필수적인 · intentional 의도적인 · refine 개선하다

Communication is a necessity.

What is your style of communicating?

Do you have trouble communicating? Maybe it's because you have not yet understood your team's style of communicating. Some prefer direct communication and struggle to understand details. Some prefer to understand the details of the process. Some prefer harmonious conversation.

It's not about who's right or wrong. It's about knowing the difference and collaborating.

No one is out to give you a hard time. They need you just like you need them. If you understand communication from this perspective, the person on the other side is not to be blamed, but to be understood.

당신의 커뮤니케이션 스타일은 무엇인가요?

커뮤니케이션에 어려움을 겪고 있나요? 아마도 당신 팀의 커뮤니케이션 스타일을 아직 이해하지 못했기 때문일 수 있습니다. 일부는 직접적인 커뮤니케이션을 선호하며 세부 내용을 이해하기 어려워합니다. 일부는 과정에서 세부 내용을 이해하기를 선호합니다. 일부는 조화로운 대화를 선호합니다. 누가 옳고 그른지가 중요한 것이 아닙니다. 차이를 이해하고 협력하는 것이 중요합니다. 아무도 당신에게 어려움을 주려고 하지 않습니다. 당신이 그들을 필요로 하는 것처럼 그들도 당신이 필요합니다. 이 관점에서 커뮤니케이션을 이해한다면, 상대방을 비난하는 것이 아니라 이해해야 합니다.

· harmonious 조화로운　· collaborate 협력하다　· give someone a hard time 누군가를 괴롭히다

Communication

~~~~~~

~~~~~~

~~~~~~

~~~~~~

~~~~~~

~~~~~~

~~~~~~

~~~~~~

~~~~~~

~~~~~~

~~~~~~

~~~~~~

~~~~~~

~~~~~~

~~~~~~

What is your style of communicating?

Communication is connection.

Communication goes beyond just sharing information.
Communication is about breaking something down in a way that the
other person understands.
This is why communication is another word for connection.
Without connection, communication is not as powerful or effective.
When we connect through collaborative communication, we build
trust. Learning how to communicate benefits everyone. It's a skill
that not only enhances your personal life but also your career.

DAY
083

커뮤니케이션은 연결입니다.

커뮤니케이션은 단순히 정보를 공유하는 것을 훨씬 뛰어넘습니다. 커뮤니케이션은 상대방
이 이해할 수 있는 방식으로 무언가를 분석하는 것입니다. 이것이 커뮤니케이션이 연결을
나타내는 다른 말인 이유입니다. 연결이 없으면 커뮤니케이션은 강력하거나 효과적이지
않습니다. 협력적인 커뮤니케이션을 통해 연결될 때, 신뢰가 구축됩니다. 커뮤니케이션 방
법을 배우는 것은 모두에게 이익이 됩니다. 당신의 개인 삶뿐만 아니라 커리어까지도 증진
시키는 기술입니다.

· **go beyond** ~을 훨씬 뛰어넘다 · **break something down** 분석하다 · **collaborative** 공동의

Communication is connection.

Listening goes a long way.

Listening is a significant part of communication.
We all want to be heard, but we often lack the patience to do the same
for others. Everyone wants to be heard and understood — especially
those who look up to you.
Listening is a skill that you can cultivate. It can be challenging
at first, but the more you train yourself to do it, the more you'll
experience effective teamwork and build stronger bonds with those
around you. Listening truly goes a long way.

경청은 큰 도움이 됩니다.

경청은 커뮤니케이션의 중요한 부분입니다. 우리는 모두 귀 기울여 주길 바라지만 종종 다른 사람들의 말을 듣기 위한 인내심은 부족합니다. 모든 사람들은 자신의 말을 들어 주고 이해받길 원합니다. 특히 당신을 존경하는 사람들에게 더욱 그렇습니다. 경청은 키울 수 있는 기술입니다. 처음에는 어려울 수 있지만, 더 많이 연습하면 더 효과적인 팀워크를 경험하고 주변 사람들과 더 강한 유대감을 형성하게 될 것입니다. 경청은 큰 도움이 됩니다.

· go a long way 큰 도움이 되다   · look up 존경하다   · cultivate 기르다, 함양하다   · bond 유대

Communication

Listening goes a long way.

What do you want to hear?

What words do you want to hear from those around you?

How often do you say those words to them?

"I couldn't have done it without you."

"Your support means the world to me."

"Thank you for pushing me to be my best self."

"You are an exceptional partner."

And more importantly, how often do you say them to yourself?

Do you feel like you are acknowledged and appreciated by yourself?

어떤 말을 듣고 싶나요?

주변 사람들로부터 어떤 말을 듣고 싶나요? 당신은 그런 말을 얼마나 자주 전달하나요? "당신 없이는 할 수 없었어요." "지원해 주셔서 정말 감사해요." "제 최고의 모습이 될 수 있게 독려해 주셔서 감사해요." "당신은 훌륭한 파트너예요." 더 중요한 것은, 그러한 말을 당신 자신에게 얼마나 자주 하나요? 당신은 자신에게 인정받고, 감사받는다고 느끼나요?

· mean the world 극히 중요하다   · exceptional 특출한

Communication

What do you want to hear?

Listen to what you are saying to yourself.

Listen carefully to what you are saying to yourself.

If you say, "I can't afford to make mistakes," you are probably burdening yourself with pressure to be perfect. If you feel too much pressure, it won't help you complete your task successfully.

If you say, "I can do this," you will probably feel more confident in finishing the job well.

You get to choose what you tell yourself. Know that each one will bring different feelings, leading to different actions, and ultimately different outcomes.

스스로에게 하는 말을 경청하세요.

자신이 스스로에게 하는 말을 주의 깊게 들어 보세요. "실수할 여유가 없어."라고 말하고 있다면, 완벽하게 해야 한다고 스스로를 압박하고 있을 것입니다. 너무 압박감을 느끼면 일을 성공적으로 끝내는 데 도움이 되지 않을 것입니다. "할 수 있어."라고 말하고 있다면, 아마도 더 자신감을 가지고 일을 잘 마무리할 것입니다. 당신 스스로에게 하는 말은 당신이 선택할 수 있습니다. 각각의 문장이 다른 감정을 가져올 것이며, 다른 행동으로 이어지고, 궁극적으로 다른 결과를 가져올 것임을 알아 두세요.

· **can't afford to** ~할 여유가 없다   · **burden** 부담을 지우다

Communication

Listen to what you are saying to yourself.

Prevent conflicts.

Do you know what one of the main factors is in preventing conflicts? It's not assuming. People often assume what the other person is thinking. Whether it's a positive or negative assumption, this can lead to misunderstandings and a lack of clear communication.
We can never truly know what the other person wants because we are not mind readers, so don't make assumptions. Ask and communicate. It might feel scary, but with a little bit of courage, you can save yourself from unnecessary drama.

갈등을 예방하세요.

갈등을 예방하는 주요 요인 중 하나가 무엇인지 아시나요? 가정하지 않는 것입니다. 사람들은 종종 상대방이 무엇을 생각하고 있는지 가정합니다. 이것이 긍정적인 가정이든 부정적인 가정이든, 이는 오해와 명확한 의사소통의 부재로 이어질 수 있습니다. 우리는 독심술사가 아니기 때문에 다른 사람이 원하는 것을 절대로 알 수 없으며, 따라서 가정하지 마세요. 물어보고 의사소통하세요. 이것은 무서울 수 있지만, 약간의 용기를 가지면 불필요한 갈등을 피할 수 있습니다.

· **main factor** 주요 요인   · **drama** 예상하지 못한 사건

Communication

Prevent conflicts.

Disappointing moments are not dead-ends.

When you are pushing yourself toward your vision, you may run into disappointments along the way. If you have effective self-dialogue during these moments, disappointment won't discourage you.
Instead, these moments become valuable data.
The key is to have open and constructive self-talk.
"Why didn't it work this time?"
"What can I do differently to perform better next time?"
"What is difficult for me right now, and what can I do to boost my spirits?"
Disappointing moments are not dead-ends. Each one is a chance to learn, grow, and get closer to your vision.

DAY
088

실망의 순간은 막다른 길이 아닙니다.

원하는 비전을 향해 도전을 하다 보면 실망감을 느낄 수가 있습니다. 이런 순간에 자신과 효율적인 대화를 한다면, 실망감으로 인해 좌절하는 일은 없을 것입니다. 오히려 실망스러웠던 순간이 값진 데이터가 될 수 있습니다. 핵심은 자기 자신과 솔직하고 생산적인 대화를 하는 것입니다. "이번에는 왜 효과가 없었을까?" "다음에 더 잘하기 위해서 무엇을 다르게 할 수 있을까?" "지금 나에게 무엇이 어렵고, 힘을 내려면 무엇을 해야 하지?" 실망의 순간은 막다른 길이 아닙니다. 배우고, 성장하고, 비전에 더 가까이 다가갈 수 있는 기회입니다.

· **dead-end** 막다른 길 · **run into** 우연히 만나다

Communication

~~~~~~

~~~~~~

~~~~~~

~~~~~~

~~~~~~

~~~~~~

~~~~~~

~~~~~~

~~~~~~

~~~~~~

~~~~~~

~~~~~~

~~~~~~

~~~~~~

~~~~~~

~~~~~~

Disappointing moments are not dead-ends.

Give feedback.

Great leaders give positive and constructive feedback regularly.
Lack of feedback can lead to miscommunication, delays, and other
issues. Giving effective feedback can improve an employee's
performance.

"I really appreciate your hard work. Let's go over some areas to focus
on together."

"Great job on this project! I have a few suggestions for how it could
be even better."

"I noticed you were struggling with this task. Is everything okay?"

DAY
089

피드백을 주세요.

위대한 리더는 정기적으로 긍정적이고 건설적인 피드백을 제공합니다. 피드백 부족은 의
사소통 문제, 지연 및 기타 문제를 야기할 수 있습니다. 효과적인 피드백 제공은 직원의 성
과를 향상시킬 수 있습니다. "당신의 노력에 대해 정말 감사합니다. 함께 몇 가지 영역을 다
시 한번 살펴봅시다." "정말 잘하셨어요! 더 좋게 할 수 있는 몇 가지 제안이 있습니다." "이
작업에서 어려움을 겪고 있는 것 같네요. 괜찮은 건가요?"

· **go over** 검토하다 · **suggestion** 제안

Communication

Give feedback.

PART
10

Influence

"You can inspire and empower people
to be the best version of themselves."

"당신은 사람들이 자신의 최고의 모습이 되도록
영감을 주고 힘을 줄 수 있습니다."

from Day 91

What is a strong leader?

Being a strong leader does not mean you are demanding,
arrogant, or dismissive of others. Being authoritative,
overbearing, or disrespectful is not leadership.
It's about inspiring and empowering people around you.
A strong leader never makes individuals feel unsafe.
They make them feel safe to achieve greater success together.

DAY
090

강인한 리더는 무엇인가?

강인한 리더가 되는 것은 요구가 많고, 거만하거나 다른 사람들을 무시한다는 것을 의미하지 않습니다. 권위주의적이거나 지나치게 압도적이거나 무례한 것은 리더십이 아닙니다. 리더십은 주변 사람들에게 영감을 주고, 권한을 부여하는 것입니다. 강인한 리더는 개인들이 안전하지 않다고 느끼게 하지 않습니다. 개인들이 더 큰 성공을 함께 달성할 수 있도록 안전하다고 느끼게 만듭니다.

· demanding 요구가 많은 · arrogant 거만한 · dismissive 무시하는
· overbearing 고압적인

Influence

What is a strong leader?

Good leadership transcends roles.

Having a high-ranking position doesn't automatically guarantee leadership. Leadership isn't about titles. Leadership is not simply about telling others what to do.
It's about collaborating, connecting, and inspiring.
Good leadership can come from anywhere. It transcends roles.
No matter where you are, you have the power to lead.
You can inspire and empower people to be the best version of themselves.

좋은 리더십은 역할을 초월합니다.

직급이 높다고 해서 자동으로 리더십이 보장되는 것은 아닙니다. 리더십은 직급에 관한 것이 아닙니다. 리더십은 단순히 사람들에게 무엇을 해야 하는지를 알려 주는 것이 아닙니다. 리더십은 (사람들과) 협력하고, (사람들과) 연결하고, (사람들에게) 영감을 주는 것입니다. 훌륭한 리더십은 어디서든 나올 수 있습니다. 리더십은 역할을 초월합니다. 당신이 어디에 있든지, 당신은 이끌 힘이 있습니다. 당신은 사람들이 자신의 최고의 모습이 되도록 영감을 주고 힘을 줄 수 있습니다.

· transcend 초월하다 · guarantee 보장하다

Influence

Good leadership transcends roles.

How can I bring out their A-game?

The following are examples of thoughts that a leader can have when he or she doesn't trust people. Check to see if these thoughts are in your head.

"They're all out to get me."

"I'll show them who's boss."

On the other hand, these are thoughts you have when you trust people around you.

"How can I support them to bring out their A-game?"

"I'll always have their backs."

Which thoughts serve you to lead your team better?

최고의 능력을 어떻게 이끌어 낼 수 있을까?

리더가 사람을 신뢰하지 않을 때 가질 수 있는 생각의 예는 다음과 같습니다. 이런 생각이 머릿속에 있는지 확인해 보세요. "모두 나를 해코지하려 하고 있어." "누가 대장인지 보여 주겠어." 반면, 다음은 당신 주변의 사람들을 신뢰하는 경우의 생각들입니다. "이들이 최고의 능력을 발휘하도록 어떻게 지원할 수 있을까?" "나는 항상 이들을 지켜 줄 거야." 팀을 더 잘 이끄는 데 도움이 되는 생각은 무엇인가요?

· **A-game** 최상의 경기력   · **have someone's back** 누구의 편이 되어 주다(상황이 힘들 때 도와주다)

Influence

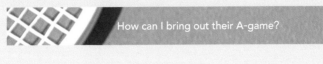

How can I bring out their A-game?

Think about what you can give.

It can be intimidating to meet people who are ahead of you.
Here's what will help you make the most out of your interactions
with them.
Know that no one is there to judge you. They are there to inspire
you and show you what's possible.
Being respectful is important, but there's no reason to sell
yourself short.
Don't focus on what they think of you. Instead, think about what
you can give them. Think about how you can make them feel
comfortable, and genuinely enjoy the time you spend with them.

무엇을 줄 수 있을지 생각해 보세요.

당신보다 앞서가는 사람들을 만나는 것이 두려울 수 있습니다. 다음 내용은 그런 사람들과
상호작용을 최대한 잘 하는 데 도움이 될 것입니다. 아무도 당신을 판단하려고 하는 것이
아님을 인지하세요. 그들은 당신에게 영감을 주고 가능성을 보여 주기 위해 있는 것입니다.
그들을 존중하는 것도 중요하지만, 스스로 가치를 낮출 필요는 없습니다. 그들이 당신을 어
떻게 생각할지에 대해 집중하지 마세요. 대신 당신이 어떻게 기여할 수 있는지를 생각하세
요. 그들을 어떻게 편안하게 느끼도록 할 수 있을지 생각하고, 진정으로 그들과 즐거운 시
간을 보내세요.

· intimidating 두려운 · make the most out of 최대한 활용하다 · sell short ~을 경시하다
· genuinely 진정으로

Influence

Keep an open heart.

Leaders get to meet countless people. They connect, share their hearts, and build relationships. However, like all relationships, some eventually come to an end. How you interpret this can either enrich your future connections or create obstacles.
If you approach each connection with gratitude, you can grow through your past connections and approach future relationships with a more abundant and open-hearted perspective without fear.

마음을 여세요.

리더는 수많은 사람들을 만납니다. 많은 사람들과 연결되고, 그들과 정을 나누며, 관계를 만들어 갑니다. 하지만 모든 관계가 그렇듯이 언젠가 종료되는 관계도 있기 마련입니다. 이 것을 어떻게 해석할 것인지에 따라 앞으로 풍성한 관계를 맺을 수 있거나 벽을 만들게 될 수 있습니다. 사람과의 연결을 감사한 마음으로 접근한다면 과거의 연결로부터 성장해서 두려움 없이 더 풍부하고 열린 관점으로 미래의 관계까지 접근할 수 있습니다.

·countless 수없이 많은   ·enrich 풍요롭게 하다

Influence

Keep an open heart.

What mindset should you have?

When you're about to have a meeting at work, think about what person you'd most like to have alongside you. Regardless of how accomplished or intelligent someone may be, if their intention is to 'prove themselves,' that meeting might be unproductive.
You should prefer to partner with someone who is committed to the project's success.
So what mindset should you bring when you're about to meet someone or engage in a task? If it's a project, focus on its progress. In personal interactions, focus on building stronger connections.

어떤 마음을 가져야 할까요?

회사에서 미팅을 할 때, 당신이 가장 함께하고 싶은 사람은 누구일까 생각해 보세요. 아무리 뛰어나거나 똑똑한 사람이라도, 그와 상관없이 그 사람의 목적이 '본인을 증명'하려고 하는 것이면 그 미팅은 비생산적일 것입니다. 당신은 프로젝트의 성공에 헌신적인 파트너를 선호할 것입니다. 누군가를 만나러 가거나 어떤 일에 참여할 때 어떤 마음을 가져야 할까요? 프로젝트에 참여할 일이 있으면 프로젝트의 발전에 집중하세요. 개인적으로 만날 일이 있으면 그 사람과 관계의 발전에 집중하세요.

· alongside ~와 함께   · regardless of ~에 상관없이   · be committed to ~에 헌신하다

Influence

Don't point fingers.

True leaders don't point fingers.
True leaders don't blame the team.
This is because they are accountable.
True leaders take ownership.
By avoiding the act of blaming, leaders demonstrate teamwork,
trust, and problem-solving skills.
"Let's focus on finding solutions."
"Let's learn from this and move forward."

탓하지 마세요.

진정한 리더는 다른 사람을 탓하지 않습니다. 진정한 리더는 팀을 비난하지 않습니다. 이는
책임이 있기 때문입니다. 진정한 리더는 책임을 집니다. 리더는 탓하는 행위를 피함으로써,
팀워크, 신뢰, 문제 해결 능력을 보여 줍니다. "해결책을 찾는 데 집중합시다." "이번 일로 배
움을 얻고 앞으로 나아가 봅시다."

· **point finger** 비난하다   · **accountable** 책임이 있는

Influence

You can lead.

Believe in yourself that you can lead.
If you don't believe in yourself, you cannot lead.
Those with self-doubt look to protect themselves.
"What would they think of me?"
"I don't deserve to be in this position."
Those with self-assurance look to uplift others.
"How can I empower my team?"
"What do they need from me to win?"

당신은 이끌 수 있습니다.

당신이 주도할 수 있다고 자신을 믿으세요. 자신을 믿지 않으면 이끌 수 없습니다. 자기 의심을 하는 사람들은 스스로를 보호하려고 합니다. "그들이 나를 어떻게 생각할까?" "나는 이런 위치에 있을 자격이 없어." 자기 확신을 가진 사람들은 다른 사람들의 사기를 올리려고 합니다. "어떻게 하면 팀에 힘을 실어 줄 수 있을까?" "그들이 이기려면(성공하려면) 내가 어떤 것을 줄 수 있을까?"

· **deserve** ~할 자격이 있다 · **self-doubt** 자기 의심 · **self-assurance** 자기 확신
· **uplift** 고양하다

Influence

Raise the bar.

Raise the bar for yourself and the people around you.
It's a simple yet powerful way to propel everyone toward greater achievements.
Raising the bar is different from piling on pressure because it's not about doing more. It's about having a positive perspective, excitement, and belief both in yourself and others to excel.
Stop babysitting those in your circle and empower them to grow.
It's time to stop underestimating what both you and they are capable of.

기준을 높이세요.

자신과 주변 사람들을 위해 기준을 높이세요. 이것은 모든 사람을 더 큰 업적으로 이끌 수 있는 간단하면서도 강력한 방법입니다. 기준을 높이는 것은 더 많은 일을 하는 것이 아니기에 부담을 주는 것과는 다릅니다. 당신 자신과 다른 사람들 모두가 탁월함에 대해 긍정적인 관점, 설렘, 믿음을 가지는 것입니다. 당신의 주변 사람들을 아이 돌보듯이 대하지 말고, 그들이 성장할 수 있도록 권한을 부여해 주세요. 이제는 당신과 그들의 능력에 대해서 과소평가하는 것을 그만두어야 합니다.

· **raise the bar** 기준을 높이다 · **propel** 나아가게 하다 · **pile on** ~을 지나치게 주다

Influence

Raise the bar.

People have different strengths.

People may not share the same strengths as you.
Person A might be detail-oriented and realistic.
Person B might be action-oriented and visionary.
It's not about who is right or wrong in a team.
As a leader, it's essential to recognize that different people
complement each other. Each team member brings something
valuable to the table.
"I appreciate your views on this."
"Your talents really complement our project."

사람마다 다른 장점이 있습니다.

사람들은 당신과 같은 장점을 공유하지 않을 수도 있습니다. 사람 A는 디테일에 강하고 현
실적일 수 있습니다. 사람 B는 행동 지향적이고 비전적일 수 있습니다. 팀에서 누가 옳고 그
른지에 대한 것이 아닙니다. 리더로서 서로 다른 사람들이 서로 보완되는 것을 인식하는 것
이 중요합니다. 각 팀원들은 귀중한 것을 기여합니다. "좋은 의견 감사해요." "당신의 재능은
우리의 프로젝트를 잘 보완해 줘요."

· complement 보완하다 · bring to the table 가치 있는 것을 제공하다, 기여하다

Influence

People have different strengths.

Decide two things.

Many people tend to overcomplicate the process of making decisions. Simplifying it boils down to two fundamental transformative decisions.
First, who I am as a person (identity), and second, what matters most to me (priorities).
For instance: the decision to transform into a decisive person (identity).
Secondly, prioritizing my company's prosperity over instant gratification or indulgence (priorities).
What kind of person do you want to become? Decide to become that person. What matters most to you right now? Prioritize it.

DAY
100

두 가지를 결정하세요.

많은 사람들이 결정의 과정을 필요 이상으로 복잡하게 만드는 경향이 있습니다. 결정의 과정을 단순화하는 것은 두 가지 근본적인 변화하는 결정으로 요약할 수 있습니다. 첫째는 내가 어떤 사람인지(정체성), 둘째는 나에게 무엇이 중요한지(우선순위)입니다. 예를 들어, 결단력 있는 사람으로 변하겠다는 결정(정체성). 둘째, 순간적인 오락이나 쾌락보다 회사의 번영을 우선으로 하는 것(우선순위). 당신은 어떤 사람이 되길 원하나요? 그 사람이 되겠다고 결정하세요. 지금 당신에게 무엇이 중요한가요? 그것을 우선순위에 두세요.

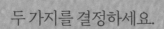

- **overcomplicate** 필요 이상으로 복잡하게 만들다 · **simplify** 단순화하다
- **boil down to** ~으로 요약하다 · **fundamental** 근본적인 · **transformative** 변화하는
- **gratification** 만족감을 주는 것 · **indulgence** 사치

Influence

Decide two things.